Homo catenarius

La surveillance électronique pénale comme système de « chaîne à la patte »

Logiques des pénalités contemporaines
Collection dirigée par Tony Ferri

Emprisonnement, aménagements de peine, mesures de probation... Qu'est-ce qu'exécuter une peine aujourd'hui ? Devant la diversité des sanctions pénales, et face aux évolutions affectant les secteurs de l'application des peines, l'activité des personnels pénitentiaires et la place de l'enfermement dans l'économie du pouvoir de punir, cette collection a vocation d'ouvrir un espace de réflexion aux chercheurs et aux praticiens du registre post-sentenciel.

Dernières parutions

Erwan DIEU (sous la dir. de), *Les innovations criminologiques*, 2017.
Dragan BRKIC, *Comprendre la délinquance française*, 2016. Alain BROSSAT, *Eloge du pilori. Considérations intempestives sur les arts de punir - Entretien avec Tony Ferri*, 2015. Tony FERRI, *Le pouvoir de punir. Qu'est-ce qu'être frappé d'une peine?*,2014.
René SCHERER, *En quête du réel. Réflexions sur le droit de punir, le fouriérisme et quelques autres thèmes - Entretien avec Tony Ferri*, 2014.

Tony FERRI

Homo catenarius

La surveillance électronique pénale comme système de « chaîne à la patte »

L'Harmattan

Du même auteur

La surveillance électronique pénale. Son statut, sons sens, ses effets (préface de Jean-Marie Delarue), Bréal, 2017

De la domination. Essai sur les falsifications du pouvoir, avec Thierry Lodé, Libre et Solidaire, 2017

Pouvoir et politique pénale. De la prison à la surveillance électronique, Libre & Solidaire, 2016

Emprisonner & surveiller. Vers la normalisation du placement sous surveillance électronique ?, Bréal, 2016

Punition et risque. Les geôles du quotidien, avec Erwan Dieu et Astrid Hirschelmann (préface de Michel Onfray), Studyrama, 2015

La compulsion de punir, L'Harmattan, 2014

Le Pouvoir de punir ; qu'est-ce qu'être frappé d'une peine ?, L'Harmattan, 2015

La condition pénitentiaire. Essai sur le traitement corporel de la délinquance, avec Dragan Brkic, L'Harmattan, 2013

Qu'est-ce que punir ? Du châtiment à l'hypersurveillance, L'Harmattan, 2012

Les fées pleurent pour y croire encore, Publibook, 2009

Le Répit, Publibook, 2001

Avec des universitaires

Alain Brossat (avec Tony Ferri), *Éloge du pilori*, L'Harmattan, 2015
René Schérer (avec Tony Ferri), *En quête de réel. Réflexions sur le droit de punir, le fouriérisme et quelques autres thèmes*, L'Harmattan, 2014

5-7, rue de l'École-Polytechnique, 75005 Paris
http://www.editions-harmattan.fr
ISBN : 978-2-343-12807-8
EAN : 9782343128078

Au nom de la dignité et de la liberté de conscience

Éléments introductifs

Si l'existence de la mesure de surveillance électronique pénale est largement connue par le grand public, ne serait-ce que parce que les médias s'en font parfois, de-ci de-là, l'écho, en revanche ses spécificités, ses mécanismes particuliers, ses effets pervers sont amplement ignorés par le plus grand nombre, à commencer par ceux qui ne l'ont approchée ni de près ni de loin ou qui s'y intéressent seulement au prisme des « secondes mains », comme celles véhiculées par certains enseignants-chercheurs totalement éloignés du terrain du système judiciaire. Désorienté par une recherche en trompe-l'œil, mal informé, peu aguerri au système judiciaire, coupé des réalités de la mise en œuvre des mesures de placement sous surveillance électronique, ignorant l'intimité même des condamnés qui y sont assujettis, le lecteur est bien souvent en proie à la confusion, à l'amalgame, à l'intoxication informative. C'est donc à clarifier bien des aspects du dispositif de placement sous surveillance électronique, ainsi qu'à identifier la structure sociale du pouvoir de punir par enfermement, que s'emploie ce livre.

A partir des textes réglementant le fonctionnement de ce dispositif, à partir des expériences concrètes de sa mise en œuvre, à partir des données statistiques et à partir du constat que le porteur du bracelet électronique vit le processus de surveillance comme un déplacement de la geôle à son domicile et dans sa vie quotidienne, il s'agira de se demander notamment comment fonctionne concrètement la surveillance électronique pénale, comment elle est vécue par les placés eux-mêmes, comment elle se distingue de la surveillance électronique *mobile* et de la mesure de contrainte pénale, comment elle restructure le cadre d'un enfermement au-dehors de la prison, et comment s'opère empiriquement, au sein de ce dispositif particulier, le traitement des incidents. Certes, là où le « prisonnier » définit l'homme de la prison, le « placé » qualifie l'homme de la surveillance électronique. Mais c'est seulement en mettant en perspective et en comparant ces deux modalités contemporaines d'enfermement que, d'une part, nous pouvons percevoir autant ce qui les distingue que ce qui les rapproche, et que, d'autre part, nous sommes en mesure de comprendre comment se réalise le glissement d'un enfermement à un autre et comment se caractérise, par conséquent, l'excroissance du contrôle à l'extérieur des murs de la prison classique. Le fait de porter à l'écrou une mesure de placement sous surveillance, au même titre qu'une mesure d'emprisonnement, n'est pas plus un hasard que le classement des prisonniers et des placés dans la même rubrique des personnes détenues.

Au-delà d'une analyse des spécificités de la surveillance électronique pénale se déployant dans l'arsenal répressif judiciaire, il y a lieu de s'interroger, d'une part, sur la manière dont cette surveillance tend aujourd'hui à irriguer souterrainement nos sociétés occidentales pourtant éduquées au régime des démocraties libres, comment elle façonne continûment les villes[1], et, d'autre part, de se demander comment l'homme libre peut désormais côtoyer, voire devenir, l'homme carcéral, autant à son insu que de son plein gré. Pour s'en convaincre, il suffit de voir à quelle vitesse sont aujourd'hui construits les ghettos et les grands ensembles d'immeubles ou les résidences sécurisées dissimulées derrière de hauts murs et placées sous une surveillance particulière à l'aide de caméras. De surcroît, sous l'effet du productivisme, des lois de la rentabilité et du capitalisme mondialisé, le processus d'assujettissement des villes à la logique de la mobilité, de l'évanescence et de l'interconnexion planétaire conduit à la mort de la diversité des lieux de vie habitables, au profit de l'apparition d'une urbanité homogène, fade et « liquide », ainsi que le souligne

---

[1] Au plan sociétal et environnemental, il est à remarquer que même les espaces urbains tendent à défigurer les lieux de vie, à s'assujettir au modèle de la mégalopole et à revêtir la forme de l'enfermement. En ce sens, le philosophe de l'urbain, Thierry Paquot, illustre l'observation de ce qu'il nomme les « désastres urbains » par l'analyse de cinq objets de la ville, à savoir : le grand ensemble, le centre commercial, le gratte-ciel, la *gated community* (communauté fermée) et ce qu'il désigne sous l'expression de « grands projets inutiles », ainsi de celui du Grand Paris. Voir, sur ce point, Th. Paquot, *Désastres urbains. Les villes meurent aussi*, Paris, La Découverte, 2015.

l'équipe ayant signé le livre *Repenser l'urbanisme*[2].
Bien que l'essor du dispositif de placement sous surveillance électronique ait précédé la perpétuation des attentats en Europe, la menace terroriste est souvent présentée comme un alibi au « devoir » de développer la société d'hypersurveillance, quitte à entraîner une dissolution des libertés fondamentales, comme celles de se déplacer ou d'avoir droit à une vie privée et à la préservation de son intimité, au profit d'une sécurisation au rabais des territoires, d'un espace public vidéo-surveillé et de centres-villes dévisagés. Un alibi n'a jamais signifié ni justifié non seulement une dignité, mais une quelconque efficacité, au point même que la perte de tout un pan des libertés fondamentales est susceptible de s'assortir d'une illusion de sécurité.
A l'intérieur de nos démocraties occidentales, l'hypersurveillance tend à s'imposer, au moyen d'une intériorisation des peurs et d'une familiarisation des esprits, des conduites et des expériences quotidiennes avec les techniques policières devenues sociales, comme la mise en place des fouilles à l'entrée des magasins, l'élargissement des écoutes téléphoniques, la multiplication des perquisitions administratives en l'absence de mandat judiciaire, ou la possibilité d'accès, par le contrôle social, à toutes sortes de données préalablement enregistrées dans les fichiers (de l'Assurance maladie, de Pôle Emploi, des fadettes téléphoniques, etc.), à l'insu des intéressés eux-

---

[2] (sous la direction de Th. Paquot), Infolio, 2013.

mêmes, et à l'encontre de n'importe qui. De sorte que, dans un contexte sécuritaire largement étayé par une logique du soupçon et d'indistinction à l'encontre de l'ensemble des citoyens, il s'ensuit que l'honnête homme ou le quelconque n'est pas plus désormais à l'abri que le délinquant de faire l'objet d'un fichage, ainsi que d'une scrutation de ses habitudes, de ses fréquentations et de sa vie personnelle.

De là vient l'apparition, dans notre présent social, d'un double processus, à savoir la généralisation du sentiment de l'enfermement et l'excroissance de la réalité du contrôle au-delà des enceintes pénitentiaires. Bien que la prison soit perçue comme une modalité punitive quasi naturelle par la plupart des gens, alors même qu'elle est historiquement advenue, et bien qu'elle fasse figure de peine de référence par le pouvoir politico-judiciaire, il n'en demeure pas moins qu'elle se double et se renforce par la multiplication de ses succursales dans la société ouverte. Nous pouvons définir la société de l'hypersurveillance comme le processus par lequel notre époque et nos mœurs intègrent à la banalité de l'existence un conditionnement au besoin de sécurité et un mouvement de soumission à l'accueil, à la formation et à l'accroissement, en soi et autour de soi, d'une surveillance quotidienne massive. Au point que l'internement de sécurité qui avait cours jadis au moyen de la prison s'effectue aujourd'hui socialement, par le recours à l'utilisation du bracelet électronique comme menottes sociales et par le processus de mentalisation de l'hypersurveillance.

Ainsi, en ce point-limite où deviennent indistincts ou poreux l'espace public / social et l'espace privé, la dimension de la liberté et la dimension du contrôle, la sphère de la citoyenneté et la sphère de la délinquance, n'est-il pas inutile d'arrêter la réflexion sur l'avènement d'une nouvelle architecture désormais carcérale au sein du milieu libre. Et, en effet, à la faveur de cette nouvelle architecture sociale, il ressort que l'espace punitif reconfigure les territoires, se greffe sur les lieux d'habitation, imprègne le sentiment de soi et d'existence, et crée une ambiance d'enfermement aussi bien dans la subjectivité des individus et les relations interpersonnelles qu'ils nouent qu'au sein des milieux libres où ils ont coutume d'évoluer. Nous aurons alors à définir, à la lueur du carcéralisme social ambiant, la manière dont la structure et l'état de l'enfermement coïncident et se renforcent mutuellement entraînant, au plan empirique, l'émergence de l'homme de la captivité, et donnant lieu, au plan de l'analyse, à la naissance d'une nécessaire anthropologie carcérale, à la lumière de laquelle apparaît désormais le danger que le punitif ait partout préséance sur l'éducatif.

Chapitre premier

La surveillance à l'heure de l'affranchissement de la matière

A. Une peine réelle relevant de la physique électromagnétique

Si, avec l'avènement du placement sous surveillance électronique, il est usuel d'insister sur le processus de dématérialisation de l'enfermement qu'il implique, il n'est au demeurant pas inutile d'opérer des distinctions conceptuelles pour affiner la compréhension de ce système. Dans l'exacte mesure où le dispositif de la surveillance électronique se sert de la technologie ondulatoire et de la physique électromagnétique pour mettre en œuvre son système de contrôle à distance, il va de soi que ce dispositif n'a nullement besoin de matière lourde, comme le béton pour construire un mur de prison ou le métal pour sceller la porte d'une cellule, afin de procéder à l'emmurement des individus. En effet, il est important de noter que, bien que le matériau utilisé ne soit pas perceptible ni détectable, d'une manière ou d'une autre, par le corps ou l'œil, l'enfermement n'en conserve pas moins son efficacité et sa dynamique à travers le placement sous surveillance électronique. Autrement dit, la furtivité du contrôle n'équivaut pas à son inexistence, son indiscernabilité à une réelle absence. Ce qu'il convient donc de souligner, c'est que le placement sous surveillance électronique relève de l'exercice d'un autre type d'enfermement. Pour le bien comprendre, il importe, d'une part, de distinguer, sur le plan conceptuel, l'enfermement par la *hylè* et l'enfermement par l'*aisthesis*[3], et, d'autre part, de noter que le contraste entre ces deux modes carcéraux s'exprime à travers l'opposition de la prison et du placement sous surveillance électronique.

Cela revient donc à dire que, aujourd'hui, deux réalités carcérales s'affirment nettement dans le champ de l'exécution des peines, qu'elles entrent moins en concurrence qu'elles ne se complètent, et que le placement sous surveillance électronique, en dépit de son caractère impalpable et volatile, n'a rien d'une mesure virtuelle. Il ne s'agit même pas d'une potentialité carcérale, qui serait subordonnée aux conditions ou aux forces extérieures pour se développer. Ce qu'il y a lieu de voir, au contraire, c'est que, grâce à la technologie ondulatoire, l'exercice de l'enfermement s'est maintenant affranchi des

---

[3] Indiquons que le mot grec *hylè* signifie la matière quand le mot grec *aisthesis* exprime le sentiment et la faculté de percevoir - mot à partir duquel s'est formé le terme esthétique. D'où il résulte l'importance de rappeler que le sens premier du mot esthétique ne se rapporte pas à la théorie du beau, mais à la capacité d'avoir un rapport sensible, charnel ou spirituel au réel. C'est ce sens premier que nous retenons ici.

contraintes matérielles, et procède désormais d'une intériorisation pure de l'enfermement. Tout se passe comme si le champ d'application de la modalité de l'enfermement s'était désormais déplacé du corporel vers le psychologique, de la matière vers l'esprit, de l'extérieur vers l'intérieur. Être enfermé, ce n'est pas seulement être confiné dans un périmètre limité, comme dans une cellule ou une chambre verrouillée, c'est aussi et surtout subir l'exercice d'une emprise sur le désir, les mouvements de l'âme, la conscience, la vie relationnelle, l'humeur, le goût.

De sorte qu'on voit nettement que l'enfermement tend aujourd'hui à perdre sa dimension objectivable ou figurable, à se doter de caractéristiques psychologiques et esthétiques, à se greffer sur la faculté de sentir, de désirer et de se représenter, et, par conséquent, à affecter la faculté de plaisir et de peine, et, au fond, la dimension du pur vécu. Lorsqu'un dispositif technologique rend possible l'exercice d'un enfermement à distance, il en résulte nécessairement l'abandon progressif des matériaux lourds devenus inutiles, encombrants et coûteux. Et cet abandon est rendu possible par le fait qu'il n'y a plus lieu nécessairement d'enfermer les individus dans un espace enveloppant et extérieur, comme la prison, mais d'utiliser désormais le corps du placé, portant et transportant le bracelet pénal, comme lieu, condition et vecteur du contrôle : « L'avantage et l'effectivité de la surveillance électronique pénale tiennent en partie à la capacité de rayonnement électromagnétique de celle-ci permettant l'encerclement au plus près, quoique à distance, du porteur du bracelet »[4].

B. De l'ordre géométrique à l'ordre ondulatoire

La surveillance électronique, en tant que mesure de contrôle et de normalisation des conduites, entre dans la composition de l'expérience quotidienne des individus, et habite ceux-ci sous la forme de l'obsession, de la paranoïa ou de l'aigreur. Le condamné est occupé, habité, assiégé par le dispositif, aussi bien à son domicile qu'à l'intérieur de sa subjectivité.
Si l'emprisonnement est un enfermement de type géométrique, c'est-à-dire que s'il associe son mode opératoire de la captivité à une figuration spatiale et quantitative des corps, et s'il s'établit à partir des plans d'un établissement pénitentiaire permettant de prévoir le confinement d'un certain nombre de prisonniers, le placement sous surveillance électronique est, quant à lui, un dispositif d'ordre ondulatoire qui enveloppe bien davantage le régime qualitatif de la vie, la durée, au sens bergsonien, à la fois comme expression de la vie de la conscience et comme totalisation du vécu. Autrement dit, là où l'emprisonnement dépend d'une structure matérielle pour marquer les corps du sceau de sa sanction - ce qui se traduit souvent, en prison, par l'avachissement

---

[4] T. Ferri, *Pouvoir et politique pénale. De la prison à la surveillance électronique*, Libre et Solidaire, 2016, p. 29.

des corps devenus veules et inutiles -, le placement sous surveillance électronique pénètre avant tout au cœur de l'*aisthesis* et dérègle, à distance, la vie affective, sentimentale et relationnelle, tout se passant comme si les ondes électromagnétiques venaient perturber l'équilibre psychologique des individus, et avaient un impact sur la dimension relationnelle et sociale des condamnés. L'écart entre ces deux modalités de la captivité tient en ceci que, d'un côté, en prison, le système punitif attache d'abord les corps à une structure carcérale afin de s'en détacher ensuite, c'est-à-dire de les y abandonner, tandis que, d'un autre côté, avec le placement sous surveillance électronique, la surveillance tend plutôt à se détacher d'abord des corps pour les effleurer à l'aide d'un contrôle qui s'effectue surtout à distance, afin d'assiéger ensuite les individus où qu'ils soient, en se greffant sur leur personnalité et en accaparant leur attention, leur énergie, leurs pensées, leurs volitions. Il est à remarquer encore que cet état de siège permanent, qu'éprouve le placé, s'exerce par le moyen d'une adhérence à ses déplacements, qui est rendue possible par le fait que le placé est celui-là même qui porte et transporte le matériau de son contrôle.

De là résulte qu'en détention les prisonniers, à mesure que la durée de l'incarcération s'allonge, tendent à régresser, à perdre tout intérêt pour autrui, à manifester indifférence, laisser-aller, froideur et apathie, quand les placés, propulsés sur le dispositif de surveillance électronique, en viennent à développer des états d'excitation et des attitudes de stress permanent, à réagir sur le mode de l'obsession, de l'énervement et de la surchauffe. Bref, les prisonniers vivent leur peine comme une sanction de délaissement et de rupture de la relation, là où les placés l'éprouvent sous la forme d'une surveillance acharnée les liant à l'obligation du contrôle judiciaire, au point que certains placés évoquent l'impression d'avoir constamment à leurs trousses une sorte de patrouille de police ou toute une armada de contrôleurs.

Dès lors, il est saisissant de noter que, conséquemment aux propriétés de sa structure carcérale (enceintes, miradors, concertina), l'efficacité de la prison, comme forme prépondérante de la captivité contemporaine, réside dans la relégation des corps et la privation des formes du dynamisme qui se constituent sur la vie relationnelle, affective et sociale, là où, par suite de son système de fonctionnement électromagnétique, la force du placement sous surveillance électronique consiste dans l'action de maintenir des liens invisibles, représentés par le bracelet électronique comme super-menottes, dans l'environnement immédiat des individus pistés et jusque dans le milieu libre. De sorte que tout le paradoxe de ces deux formes carcérales tient en ce que, d'un côté, en détention, les prisonniers ont l'impression de conserver une certaine liberté de manœuvre, fût-elle toute relative, à l'intérieur des murs, en y étant, en quelque manière, livrés à eux-mêmes et alors même qu'ils y sont confinés sous le statut dégradant de prisonnier, et en ce que, d'un autre côté, les placés éprouvent le sentiment d'être constamment assiégés, occupés, possédés par le contrôle, jusque dans l'accomplissement de leurs faits et gestes les plus futiles du quotidien et alors même qu'ils ont accès au milieu libre. Ce paradoxe implique de reconnaître que les prisonniers s'accommodent d'une forme de possibilité - certes toute relative, mais pas moins réelle - de manœuvrer à leur guise dans le milieu clos, surtout dans les centres de détention commandés par le régime des portes ouvertes, et que les placés s'adaptent à une organisation de cloisonnement en milieu ouvert et à des règles d'enfermement dehors.

C. La structure et l'état

Ces remarques nous conduisent à percevoir la tendance au débordement du milieu fermé vers le milieu ouvert et le mouvement de fragilisation de la démarcation habituelle entre le dedans et le dehors, puisque, avec l'avènement de la surveillance électronique pénale, le milieu libre tend à devenir, chaque jour plus âprement, coextensif à la prison. Si l'on considère que toute peine se définit à partir d'une architecture enveloppante et s'exprime à travers un certain nombre d'expériences vécues, si l'on considère donc qu'une peine associe nécessairement structure et état, il apparaît néanmoins que la prison fait primitivement signe vers la structure, là où le PSE caractérise avant tout un état intérieur, un vécu. Plus exactement, avec la prison, ce qui prime, c'est d'abord l'édification d'une structure de ciment et de barbelés permettant de séparer le dedans du dehors et de réaliser l'enfermement. La prison suppose le geste primitif de la délimitation des espaces, et se pense donc sur fond d'architecture et de géographie[5]. Tandis que, avec la surveillance électronique pénale, l'accent est moins mis sur la structure que sur l'état, et par conséquent moins sur le dispositif de surveillance que sur les *effets* produits par celui-ci.

Certes, s'il y a lieu d'insister pour dire qu'il n'y pas de structure sans état et d'état sans structure, il n'en reste pas moins que, s'agissant de l'enfermement, tout est une question de degré. De la prison au placement sous surveillance électronique, on assiste au passage d'une forme carcérale indexée sur une architecture massive à une forme carcérale adossée au sentiment de l'enfermement. De sorte que si, dans le premier cas, c'est la structure même de l'enclave pénitentiaire, assortie de ses enceintes, de ses miradors et de ses barbelés, qui induit une manière d'éprouver l'enfermement, dans le second cas, ce sont les expériences du traçage et de la surveillance, c'est-à-dire la *relation* aux instances de contrôle, qui amènent le placé à reconfigurer sa geôle chez lui, autour de lui et en lui. Autrement dit, en prison, c'est l'existence en milieu clos et verrouillé qui façonne la

---

[5] Voir O. Milhaud, *Séparer et punir. Une géographie des prisons françaises*, Paris, CNRS éditions, 2017.

conscience carcérale, tandis que, avec le bracelet, c'est au contraire la conscience d'un enfermement et les effets de son intériorisation qui façonnent l'existence carcérale. De sorte que, en prison, la conscience devient carcérale à la suite de la matérialisation de l'enfermement et à travers l'édification de barreaux et l'exclusion dans une cellule (les prisonniers qui purgent une longue peine deviennent des êtres proprement carcéraux), quand, avec l'exécution d'une mesure de surveillance électronique, c'est l'existence matérielle, entendue ici dans sa dimension relationnelle, sociale et affective, qui se transforme en une prison quotidienne à la suite de l'expérience du contrôle permanent et de la conscience qu'on en a au quotidien (les placés éprouvent très vite, et avec une forte acuité, la prégnance et la continuité de la surveillance). Pour achever de comparer les deux réalités carcérales que sont la prison et le PSE, nous pourrions avancer, en nous inspirant d'une célèbre formule de Marx[6], que, avec la première de ces deux réalités, l'infrastructure carcérale et les conditions de détention créent la conscience, la représentation et les formes de la superstructure de l'enfermement, là où, avec la seconde de ses réalités, c'est plutôt la dimension

---

[6] K. Marx écrit : « Ce n'est pas la conscience des hommes qui détermine leur existence, c'est au contraire leur existence sociale qui détermine leur conscience », voir *Critique de l'économie politique, œuvres*, Tome 1, Paris, La Pléiade, p. 272 ou *Contribution à la critique de l'économie politique*, Paris, Éditions sociales, p. 4.

subjective et les mécanismes de la superstructure qui créent la condition matérielle carcérale, et donc l'infrastructure de l'enfermement par le bracelet.

D. Vers une nouvelle architecture de la peine

Le passage d'un enfermement conçu sur le modèle de la géométrie cartésienne (la prison) à un enfermement fonctionnant sur le modèle du réseau (la surveillance électronique pénale) est de nature à nous renseigner sur le développement d'une nouvelle architecture pénale et sur le nouveau rapport à l'espace et au temps que nouent désormais les placés soumis au régime d'une clôture par-delà les murs d'un établissement pénitentiaire, au sein même de la communauté politique.
Par opposition à la prison qui se construit à partir d'une géométrie plane, rectiligne et uniforme, qui délimite des espaces et des volumes, un dedans et un dehors et qui procède préalablement de l'étude géographique, cartographique et démographique d'un territoire, la surveillance électronique ne requiert aucune géométrie particulière, et s'affranchit des modalités de l'architecture classique. Surveiller électroniquement un ensemble d'individus, en droit de plus en plus nombreux, dans des espaces ouverts et imbriqués les uns dans les autres implique de repenser l'architecture de la peine en abandonnant le schéma du confinement physique derrière les barreaux et les verrous, et de concevoir un *nouvel*

espace pénal d'interconnexion. La surveillance électronique pénale est, par excellence, une modalité d'exécution d'une peine d'emprisonnement dont la particularité réside dans le fait qu'elle se définit à partir d'un modèle architectural d'ordre communicationnel et qu'elle induit la représentation d'un lieu de peine comme un ensemble indéfini d'espaces flottants, non limités et interconnectés les uns aux autres, à l'intérieur d'un rhizome. Avec cette nouvelle représentation architecturale de l'exécution de la peine, pour rendre effectif le contrôle, il ne suffit plus que de permettre l'installation de pôles de surveillance, et de satisfaire à l'exigence de circulation de l'information sous la forme de signaux électromagnétiques.

La conséquence immédiate de ce changement de figuration de l'espace pénal est, d'une part, qu'il n'y a plus de différence entre, d'un côté, les déplacements et, d'un autre côté, l'espace où se réalisent ces déplacements, entre, d'un côté, le jeu des mouvements (le contenu) et, d'un autre côté, un théâtre immobile accueillant ces mouvements (le contenant), et, d'autre part, que les déplacements eux-mêmes font partie intégrante du tissu invisible organisant le contrôle. Dans l'exacte mesure où le placé est un des vecteurs du contrôle, non seulement parce qu'il doit demander et consentir à bénéficier de l'aménagement de peine sous la forme du PSE, mais parce qu'il est tenu de porter le bracelet continûment sur son corps comme le signe de sa boursouflure, aussi bien à l'occasion de l'ensemble de ses entrées et sorties par rapport à son domicile, que lors de ses déplacements et actions, il s'ensuit que l'espace pénal n'est pas indépendant de son corps, de son domicile, de son intimité, de ses mouvements, mais qu'il est intimement intégré à lui. De sorte que, où qu'il se rende et quoi qu'il fasse, le placé n'entre pas dans un lieu d'exécution de peine qui lui serait tout extérieur, il participe, au contraire, de la matière même du contrôle, en tant qu'il est, en collaboration avec les pôles de surveillance établis dans les établissements pénitentiaires, l'une des antennes de la transmission des signaux relatifs à sa localisation domiciliaire et à ses déplacements hors de son habitation.

De là vient, pour le placé, l'apparition d'un rapport neuf à l'espace et au temps de la peine. Si l'on convient que, en tant que transporteur de sa geôle, le placé n'exécute plus sa peine d'emprisonnement en étant claquemuré dans sa cellule, à l'intérieur d'enceintes pénitentiaires, cela signifie qu'il n'y a plus d'espace et de temps absolus de la peine, mais qu'ils sont dorénavant fonction de la perspective qu'en a chaque placé. Bref, cela revient à souligner avec force la *relativité* de la mesure d'emprisonnement exécutée sous la forme du PSE, et la *diversité* de sens de la peine, puisque celle-ci se rattache désormais à un point de vue, lui-même indexé sur le vécu du placé. C'est pourquoi, loin d'être un absolu, l'espace où se déploie le PSE est un espace malléable et plastique, qui se plie aux exigences du dispositif, c'est-à-dire de son paramétrage individuel et du degré de son intériorisation par le placé. A l'espace-plan de la prison s'oppose ou succède maintenant l'espace-courbe du PSE. La nouveauté tient au fait que les placés ne découvrent pas les espaces qu'ils rencontrent, mais les traversent à vive allure, et les regardent sous l'angle de la précipitation et de la déformation tenant aussi bien au paramétrage du dispositif qu'à leur point de vue. En outre, le stress permanent généré par le devoir d'exactitude spatio-temporelle transforme les espaces rencontrés comme de purs décors abstraits et vides de sens. Dès lors, de ce que nous vivons désormais dans une société puissamment infléchie par des critères de vitesse et d'accélération, il résulte qu'il n'est pas étonnant que le PSE ait fait son apparition comme instrument de surveillance au sein de l'arsenal répressif contemporain et que ce dispositif requiert le contrôle de la mobilité et de l'emplacement domiciliaire de chaque placé. Ce tournant historique dans les modalités d'exécution des peines a entraîné une nouvelle conception de la mesure du temps de la peine : elle n'est plus seulement fonction d'un *quantum* de peine prononcé par un jugement, elle est aussi relative au caractère processuel et inchoatif du déroulement particulier de la mesure et du niveau d'appropriation de celle-ci par le placé.

Chapitre deuxième

De la différence entre la surveillance électronique et la surveillance électronique mobile

A. De l'importance de renoncer à confondre la diversité des mesures de surveillance électronique pénale

Afin de saisir la spécificité, au plan pénal, du port du bracelet électronique, nous entendons ici faire porter la réflexion sur l'importance de différencier PSE et PSEM[7], et montrer comment la confusion entre ces deux mesures est de nature à faire croire que le PSEM serait devenu un modèle pénal[8]. A l'inverse, la distinction entre ces deux mesures permettra de dégager les conditions de possibilité relatives à l'exercice d'une surveillance de masse et les liens qui unissent aujourd'hui PSE et enfermement. En effet, il

---

[7] Par commodité, nous désignons ici, par les sigles PSE et PSEM, le placement sous surveillance électronique et le placement sous surveillance électronique *mobile*.

[8] Sur cette confusion habituelle, voir, par exemple, Claude-Olivier Doron, « Une chaîne qui laisse toute liberté de faire le bien et qui ne permette que très difficilement de commettre le mal », *Du système de Guillauté au placement sous surveillance électronique mobile*, dans *Carceral Notebooks*, Volume 4, 2008, ou Olivier Razac, *Le Placement sous surveillance électronique mobile : un nouveau modèle pénal ?*, rapport Enap/Cirap, 2010.

y a lieu de relever ici ce qui caractérise le PSEM, afin d'abandonner l'idée qu'il pourrait aujourd'hui se prévaloir de constituer, en lieu et place du PSE, une nouvelle matrice pénale[9]. Au-delà d'une simple différence de lettre affectant ces sigles, ces deux mesures renvoient à des réalités pénales radicalement distinctes, en matière de profil, de suivi et de nombre des placés, et, par conséquent, se distinguent à un triple niveau. Rappelons d'abord que le PSEM est né à l'issue de la loi n° 2005-1549 du 12 décembre 2005, et qu'il n'est pas une peine autonome au sens strict du terme. Cela revient simplement à souligner que nul n'est aujourd'hui, en France, condamné à exécuter seulement un PSEM, et qu'aucune juridiction, qui reconnaît coupable un individu, ne prononce à son encontre une mesure de PSEM à titre de peine principale. Il n'est pas non plus une mesure alternative à l'incarcération ou une modalité d'exécution d'une peine d'emprisonnement, comme c'est en revanche très majoritairement le cas pour le PSE aujourd'hui, selon le schéma français.

Qu'est-ce donc que le PSEM ? Dans le registre post-sentenciel, il s'agit d'une mesure de sûreté, et, à ce titre, il se présente comme un dispositif supplémentaire ou accessoire à des mesures pénales déjà en vigueur, comme le suivi socio-judiciaire, la surveillance judiciaire ou la surveillance de sûreté.

---

[9] Comme nous le verrons pourquoi ci-après, nous suggérons qu'il est même plus exact de recourir ici à la notion de « paradigme » plutôt qu'à celle de « modèle » ou de « matrice ».

Lorsqu'un PSEM est ordonné dans le cadre d'une libération conditionnelle à titre de mesure complémentaire, la condition juridique est qu'il doive s'appliquer à des personnes majeures déjà condamnées, tantôt pour un crime ou un délit pour lesquels la mesure de suivi socio-judiciaire pouvait être encourue au moment du prononcé de la peine, tantôt à une peine privative de liberté d'une durée égale ou supérieure à sept ans. Où l'on voit donc clairement que le PSEM est susceptible de s'appliquer aussi bien à des personnes ayant eu à subir de lourdes condamnations ou à purger de longues peines de prison pour des faits jugés graves, qu'à des profils de personnes dont la dangerosité a été relevée par des experts. A cet égard, l'article 763-10 du Code de procédure pénale est sans ambiguïté : « Un an au moins avant la date prévue de sa libération, la personne condamnée au placement sous surveillance électronique mobile en application des articles 131-36-9 à 131-36-12 du Code pénal fait l'objet d'un examen destiné à évaluer sa dangerosité et à mesurer le risque de commission d'une nouvelle infraction ». Enfin, contrairement au PSE, la particularité attachée au PSEM réside dans la mobilité de la surveillance, et par conséquent dans la continuité de la localisation à distance du condamné, qu'il soit chez lui ou à l'extérieur de son domicile. En ce sens, l'article 763-12 du Code de procédure pénale indique que « le condamné placé sous surveillance électronique mobile est astreint au port, pendant toute la durée du placement, d'un dispositif intégrant un émetteur permettant à tout moment de déterminer à distance sa localisation sur l'ensemble du territoire national ».

C'est dire combien le PSEM, loin d'exprimer l'ordinaire des condamnations, est actuellement un dispositif de sûreté très exceptionnel et fort marginal dans l'économie du pouvoir de punir. Voilà pourquoi il n'a pas la vocation d'être un modèle pénal, ce qui s'illustre par le nombre quasi insignifiant de personnes placées sous surveillance électronique *mobile* aujourd'hui, en France, au regard des taux annuels de condamnation record qui ont cours actuellement, tant en milieu ouvert qu'en milieu fermé. Pour donner un point de repère factuel, on constate qu'entre 2005 et 2012, soit au bout des sept premières années de mise en œuvre du PSEM, seuls 140 PSEM et 22 ARSEM ont été prononcés[10]. Tandis que si l'on tient compte uniquement des chiffres au 1er décembre 2012, sans procéder ici à une totalisation avec les sept années antérieures qui ferait apparaître le flux constant du nombre d'entrées et de sorties sur le dispositif PSE, on enregistre déjà près de 10 000 PSE[11], ce qui souligne avec acuité les très remarquables disproportions entre ces deux mesures quant au nombre de mises à

---

[10] Notons que, dans le registre pré-sentenciel, l'« Assignation à Résidence sous Surveillance Électronique » (ARSEM) a été créée par la loi n° 2009-1436 du 24 novembre 2009 et que son utilisation a connu, à la suite des attentats de 2015 en France, une certaine progression tenant à la promulgation de lois d'exception.

[11] Selon les chiffres de l'administration pénitentiaire française.

exécution et en matière de suivi.

B. Du constat que le modèle pénal reste carcéral

Afin de poursuivre sur l'inexactitude de l'appellation de « nouveau modèle pénal » eu égard au PSEM, et d'identifier les particularités de ce qui pourrait s'approcher du véritable modèle pénal actuel, il y a lieu encore de se doter de distinctions conceptuelles, de comprendre comment le champ des pénalités s'est progressivement enrichi d'un second paradigme associé à celui de l'incarcération, et de voir que ce second paradigme vient du PSE, et non du PSEM. Il est d'ores et déjà important de noter que, même avec le PSE, il s'agit moins d'une nouveauté que d'un débordement ou d'une excroissance du modèle carcéral déjà en usage depuis plus de deux siècles dans nos sociétés occidentales, d'où il résulte que le PSEM, à défaut de pouvoir se prévaloir du titre de paradigme, ne peut se réclamer *a fortiori* de celui de modèle. Comme la nouveauté suppose le remplacement ou l'annulation de l'ancien, ou du moins son ravalement dans des formes remodelées voire inédites, il s'ensuit que le PSE (et non le PSEM, insistons-y) n'élimine pas la prison, mais forme désormais le prolongement de la prison en milieu libre, constitue maintenant une sorte de saillie tentaculaire du mode carcéral qui tend à se répandre dans l'ensemble de la communauté, de sorte que, en rigueur de termes, il convient de poser que, si deux paradigmes additionnels majeurs orientent désormais le champ de l'exécution des peines (prison et PSE), néanmoins seul le modèle carcéral demeure. Dit autrement, cela revient à réaffirmer que le motif carcéral se décline aujourd'hui au pluriel, et présente des variations ou des flexions selon qu'il se rapporte à l'univers des prisons (milieu fermé) ou au monde libre (milieu ouvert).

Où l'on voit donc que, au lieu d'avoir affaire à un nouveau modèle pénal *stricto sensu*, on assiste, depuis maintenant près de vingt ans, en France, à l'issue de la loi n° 97-1159 du 19 décembre 1997 créant la mesure de PSE[12], au développement continu et au raffermissement du modèle carcéral déjà en vigueur, mais selon deux formes d'exécution ou, si l'on préfère, selon deux manières de le conjuguer, tantôt dans les établissements pénitentiaires, tantôt dans l'espace communautaire à l'aide du PSE, ce qui, une fois bien perçu, n'est pas du tout la même chose. Comme nous l'avons rappelé, à de nouveaux frais, dans des travaux récents, il est remarquable de constater que « de la prison au placement sous surveillance électronique, nous posons que, malgré les variations de degré qui existent entre ces deux

---

[12] En France, l'idée d'un recours au placement sous surveillance électronique est apparue, dans le cadre de débats parlementaires, d'abord à l'occasion de l'établissement d'un rapport sur le service public pénitentiaire émanant du député de Seine-Saint-Denis, Gilbert Bonnemaison, en 1989, ensuite lors de la mise au point d'un autre rapport portant sur la prévention de la récidive, et communiqué par le sénateur Guy Cabanel au Premier ministre de l'époque, Alain Juppé, en 1996.

dispositifs, l'enfermement conserve toujours le même arrangement. Cela signifie que l'état de liberté tend aujourd'hui à ne plus différer radicalement, c'est-à-dire qualitativement, de l'état de l'enfermement. Les dérivations du premier état vers le second, et réciproquement, ne sont plus que de l'ordre du défaut ou de l'excès. Car le milieu libre tend à différer du milieu fermé sous le rapport unique de la quantité, et la liberté doit s'entendre à présent comme un enfermement élargi ou étendu ; de sorte que, si la prison incline à s'exporter vers le milieu libre et à affecter le quotidien de bien des gens, l'enfermement ne se déroule désormais plus seulement sous l'action d'un a- ou d'un in- (dont le modèle est la prison), mais sous l'effet d'un hypo- ou surtout d'un hyper- (dont le paradigme est l'hypersurveillance comme instauration d'une surveillance électronique pénale coextensive à la prison) »[13].

A partir d'une description du mécanisme du PSE, il est aisé de voir que, outre que son fonctionnement est subordonné aux découvertes et inventions technologiques, le contrôle à distance est rendu possible par le renversement du mécanisme de la surveillance. A son corps défendant, le placé est effectivement tenu de se mettre en scène chez lui, de se placer justement sous les feux des projecteurs de la surveillance aux périodes d'assignation à domicile, de rester donc en permanence sous l'éclairage du contrôle selon des horaires fixés par le juge de

[13] Tony Ferri, *Pouvoir et politique pénale. op. cit.*, p.107-108.

l'application des peines. Cela signifie qu'il est tenu d'avoir une part active dans la surveillance qui le surplombe, et que sa participation est rendue effective grâce au port du bracelet à sa cheville. Si le corps demeure, comme dans le cas de la prison, le vecteur de l'effectivité de la surveillance, c'est néanmoins, dans le cas du PSE, l'institution punitive qui est chevillée au corps, tandis qu'en prison c'est le corps - les mains avec les menottes et les pieds avec les entraves - qui est harnaché à la prison. Autrement dit, en prison, c'est le corps qui est un élément du décor, une pièce de l'édifice, une masse devenant informe au milieu du sarcophage, tandis que, avec le PSE, c'est le bracelet qui est un élément du corps, son prolongement ou sa boursouflure. On assiste donc au renversement du rapport entre contenant et contenu : quand, en détention, le prisonnier est retenu/détenu dans les bornes de l'enceinte pénitentiaire, sous la modalité du PSE, le placé retient/détient sur lui sa geôle, il est le véhicule de son propre enfermement. Par conséquent, l'étonnant avec le PSE, c'est que, alors même que le placé possède sur lui les clés de sa propre prison, puisqu'il lui suffit d'arracher le bracelet pour rompre immédiatement le lien de dépendance avec le centre de contrôle et le service pénitentiaire d'insertion et de probation, et échapper ainsi à la détection, il renonce, dans la très grande majorité des cas, à cet arrachement.

C. De l’effectivité de la surveillance

Le mot carcéral vient du latin *carcer* qui signifie prison. Ce terme véhicule l'idée d'un enfermement, d'une clôture, de chaînes qui contraignent et retiennent ou de liens qui attachent et maintiennent. Si ces liens peuvent être de captivité, comme dans le cas de la prison ou du camp, ils peuvent également être de dépendance, comme dans le cas du PSE, du réseau ou du rhizome. Si s'observe, d'un côté avec la prison, le geste de la saisie du corps, parce que la prison se caractérise d'abord comme un acte de prise et de confinement[14], se discerne, d'un autre côté avec le PSE, le mouvement de desserrement de l'emprise corporelle au profit d'une forme de séquestration mentale, puisque le PSE se présente comme une procédure de placement, d'emménagement, de greffe et de paramétrage vis-à-vis de la subjectivité : en effet, il apparaît que le dispositif est dénommé, en France, « placement », que l’institution judiciaire « emménage », en quelque manière, chez les condamnés par l’installation du matériel de surveillance et les visites au domicile effectuées par les surveillants pénitentiaires et/ou les conseillers pénitentiaires d’insertion et de probation, que le bracelet électronique se présente comme un objet greffé en permanence, 24h/24, sur le corps, et que, si les placés peuvent oublier un temps la présence du

[14] Rappelons que le terme même de prison se construit sur le mot prise.

bracelet à leur cheville, la condition de respecter le cadre horaire des périodes d'assignation domiciliaire est en revanche, pour eux, quasi obsédante. C'est pourquoi, si, avec la prison, la surveillance s'effectue par la matérialisation d'un enfermement massif, derrière des murs et des barreaux, afin de garder le corps, de le maintenir dans un espace délimité pour l'empêcher de se mouvoir et abolir toute velléité d'action[15], dans l'exacte mesure où, selon le jeu du déploiement des forces et du rapport des masses, seule une matière tantôt suffisamment résistante au corps, par exemple une substance dure et lourde comme une enceinte de béton, tantôt suffisamment douloureuse au corps, comme une décharge électrique, peut contraindre celui-ci à rester dans un périmètre borné, il en va tout autrement avec le PSE qui s'exécute au moyen de quelque chose dont la propriété physique lui permet d'être, d'une part, futile ou léger, et, d'autre part, indolore au corps. Pas seulement *de jure*, mais même *de facto*, la mise en œuvre du PSE ne nécessite aucune matière perceptible et palpable par le corps, puisque l'emprisonnement par surveillance électronique se réalise par le moyen des *ondes électromagnétiques*. La condition première de l'exercice du contrôle est ici fonction du pouvoir du rayonnement électromagnétique. Et qu'est ce-qu'une onde, sinon «le lieu des points qu'atteint au même instant un

[15] Selon l'expression consacrée, on parle de mise hors d'état de nuire par l'emprisonnement.

signal bref issu d'un point donné »[16] ? De là vient que, pour enfermer les individus, il n'est plus besoin, comme nous l'avons vu, d'utiliser des matériaux lourds et coûteux, dont l'acheminement est problématique et la construction lente et énergivore : *il ne suffit plus que d'appliquer la technologie militaire du radar à la sphère pénale.* L'avantage que confère une pareille surveillance électromagnétique tient au fait que l'onde a pour propriété intrinsèque la rapidité, le transpercement des matériaux lourds et solides, l'éparpillement ou la diffusion et la volatilité. Qui plus est, son rayon d'action est indéfini, ne serait-ce qu'en raison de son caractère universel, et son usage inépuisable, attendu que l'onde apparaît comme une matière première, et qu'elle fait partie intégrante du spectre électromagnétique tel qu'il se rencontre dans la nature. Par où l'on voit que, pour échapper à ce type de surveillance, il faudrait que le corps ait les moyens de rivaliser avec la puissance et l'effectivité des ondes qui se propagent à la vitesse grand V dans l'espace et l'enveloppent de toutes parts, ce qui est, pour lui, physiquement impossible. En effet, comment le corps, qui est par définition massif et spatial, encombrant et lent, pourrait-il se présenter comme indétectable aux ondes ? La solution consisterait à envisager la construction d'un matériau susceptible d'envelopper le corps et de nature à dissoudre les ondes au moment du choc, de façon à empêcher le retour de celles-ci

---

[16] Edmond Bauer, *La Théorie de la relativité*, Paris, Eyrolles, 1922, p.5.

vers la source émettrice. En d'autres termes, il conviendrait d'appliquer à la surveillance électronique pénale la technologie militaire de la furtivité qu'a développée l'armée états-unienne pour équiper ses avions d'un revêtement spécial - revêtement composé d'un alliage de métaux ou de gaz, comme le plasma, et dont l'effet est la dissimulation de certains de ses appareils aux radars (avions et drones). Or, quand bien même cet habillement furtif serait possible pour le corps, le problème ne serait pas résolu pour autant dans le cadre du PSE, puisque l'absence de retour des ondes vers sa source, c'est-à-dire la coupure du rapport entre l'émetteur et le récepteur, serait ce qui déclencherait précisément l'alarme. En d'autres termes, la furtivité, c'est-à-dire le fait même de ne pas rester en vue, serait, dans le cas du PSE, la cause de l'activation de l'alarme, et non pas le recouvrement de la liberté...

Chapitre troisième

L'ordre programmatique de la surveillance électronique

A. Une condamnation à la privation des « phénomènes saturés »

Notre analyse se poursuit par une interrogation sur l'articulation entre la surveillance électronique et la vie, dans la mesure même où la recomposition de la structure carcérale, à partir du sentiment de l'enfermement, interfère dans les relations que nouent les placés avec leur environnement immédiat (familial, social, professionnel, etc.) et les autres. Plus exactement, il s'agit en fait de se demander et de mettre en relief ici ce que signifie, quand on est placé sous surveillance électronique, avoir rapport à la vie.
Commençons par constater que, au plan existentiel, dans la vie des condamnés à l'emprisonnement et au placement sous surveillance électronique, il n'y a pas place pour ce que J.-L. Marion nomme les « phénomènes saturés ». Qu'est-ce à dire ? Un phénomène saturé est un événement qui nous submerge, en raison de sa beauté, de sa grandeur, de son originalité, c'est un trop-plein d'expérience. Il est moins du côté du concept que du côté de l'intuition, il

n'est pas d'abord vu, mais ressenti. En lien avec la perception sensible et dépassant le cadre de la rationalité, le phénomène saturé invite le sujet à s'ouvrir à l'inconnu, à la truculence ou à l'épaisseur du donné intuitif. Comme il n'est pas représentable, visible ou géométrisable, il n'est pas répétable à l'identique, et exige même la patience de l'accueil et un taux d'écoute exceptionnel. Dans *Ce que nous voyons et ce qui apparaît*, le métaphysicien-académicien, après avoir pris soin de distinguer ces deux aspects antagonistes du rapport au monde, illustre son propos à l'aide d'exemples tirés de l'expérience esthétique entendue comme sentiment du beau : « Quel est donc le type de phénoménalité qui correspond à ce troisième type d'étant qui n'est ni le constant – le *vorhanden* – ni l'usuel – le *zuhanden* ? C'est le fait que, au contraire de l'objet, qui est toujours prévu, c'est-à-dire qui est attendu au bout de la prévision (l'objet est celui qui va remplir ce qui a été prévu, infirmer ou confirmer le concept qui est déjà là, avant que le phénomène soit vu), le tableau, c'est-à-dire ce qui relève de la visibilité esthétique, joue sur l'impossibilité de la pré-vision, c'est-à-dire qu'il faut toujours le voir d'abord, faire l'expérience de son irruption dans la visibilité. Le tableau, le visible esthétique, non seulement échappe à la prévision, mais annule la prévision [17]». Et d'ajouter plus loin : « L'objet, ce n'est pas ce qu'on voit comme tel, c'est ce

[17] J.-L. Marion, *Ce que nous voyons et ce qui apparaît*, Bry-sur-Marne, INA éditions, 2015, p. 45-46.

qu'on prévoit et qu'on essaie de voir le moins possible pour qu'il marche, qu'il fonctionne. L'œuvre d'art, au contraire, c'est ce dont on ne peut jamais dire : je l'aie vue. Celui qui dit : "J'ai vu un tableau et donc je n'ai aucun besoin de le revoir", ou bien ce qu'il a vu n'était pas un tableau, ou bien lui-même est un imbécile. La définition du tableau, de l'œuvre d'art, c'est qu'il est toujours nécessaire d'aller le revoir [18]».

D'où il résulte, en effet, que, lorsque nous contemplons une œuvre d'art, ce n'est pas notre regard qui impose sa loi ou une signification à l'œuvre, mais, tout à l'inverse, c'est l'œuvre qui nous imprègne de données qualitatives, au point que nous ne saurions tout embrasser de l'œuvre en un regard et que celle-ci au contraire réclame de nous de revenir la contempler. Et à chaque visite, il s'avère que de nouvelles découvertes de l'œuvre s'expérimentent. Un tel phénomène n'obéit pas à un principe d'ordre ou de mesure, mais produit sur nous un effet intense, de nature fondamentalement sensible. Nous rencontrons de tels phénomènes dans la vie quotidienne, lorsque, précisément, quelque chose vient bousculer l'ordinaire de l'existence, et briser sa monotonie : par exemple, lorsque apparaissent la joie de l'amour, la force d'une action éthique ou la douleur du décès d'un proche, qui sont des expériences sensibles d'autant plus envahissantes qu'elles sont indescriptibles.

Ce sont de ces phénomènes saturés que sont privés

---

[18] *Ibid.*, p. 49.

les condamnés, qu'ils aient le statut de prisonnier ou de placé. Les uns comme les autres vivent selon des règles ordonnées par l'autre (le contrôleur, le policier, le juge), subordonnent leur existence au pré-réglage de celle-ci sur un appareil (mécanique, étatique, électronique), ce qui a pour conséquence de les priver de leur autonomie et de les scinder de leur futur, et de ruiner la dimension bondissante des projets. V. Jankélévitch a parfaitement mis en lumière ces particularités de la vie captive : « Le condamné est soustrait aux rebondissements de la continuation, à la relance de la futurition, aux vertus médicatrices du devenir [19]». L'écart qui sépare le fait de voir et l'effet d'une apparition nous invite effectivement à envisager que ce que nous voyons, c'est l'usuel, le permanent, le commun, ce que l'on tient dans la visée d'un regard, ce qui est donc le résultat de notre propre perspective, tandis que ce qui nous apparaît, c'est l'inconstant, l'insaisissable, l'inutile ou le futile, ce qui échappe donc à notre intentionnalité ou à notre visée. Dans l'expérience esthétique, ce qui compte, c'est l'effet que le tableau va produire sur nous, indépendamment de l'arrangement qu'opère notre regard sur lui, c'est donc sa densité phénoménale ou sa capacité à produire sur nous un excès d'intuition. Le phénomène saturé, c'est ce qui précède et submerge le regard, c'est ce qu'on ressent intensément, en-deçà du champ de la visibilité commune. Autant dire que le concept, largement insuffisant, n'a pas de prise sur lui. Ce

---

[19] V. Jankélévitch, *La mort,* Paris, Flammarion, 1977, p.77.

phénomène implique la suspension de notre point de vue, de nos projections et de nos constructions subjectives sur le monde pour s'ouvrir à la saturation du donné et reconnaître qu'on est « en déficit de recherche [20]», qu'il importe d'accueillir un pareil phénomène à la faveur d'un décentrement du regard, et donc à partir du phénomène lui-même. A partir de ces définitions conceptuelles, il est aisé de percevoir combien la vie des condamnés, loin d'être aux antipodes du champ de la visibilité judiciaire et en dehors du regard permanent de la surveillance, est assujettie à un déroulement commun où il n'y a pas place pour l'événementiel, la découverte, la surprise, en d'autres termes où sont absents les phénomènes saturés.

B. Un principe de fonctionnement mécanique

Plus particulièrement, dans la vie des placés sous surveillance électronique, rien ne doit donc être laissé à une procédure stochastique, tout doit être, au contraire, déterminé à l'avance, programmé dans les grandes lignes comme dans les détails. Le dispositif du placement sous surveillance électronique hait l'aléatoire et l'indéterminé, craint les aléas et le hasard, tout doit être circonscrit par lui dans une forme de vie préalablement réglée, soumis à sa

---

[20] J.-L. Marion, *Ce que nous voyons et ce qui apparaît, op. cit.*, p. 50.

perspective, construit par son regard de scrutateur/spectateur/contrôleur, et enfermé dans un jugement ou une ordonnance de justice. Ici, c'est le point de vue du regard regardant judiciaire qui domine et façonne le cours de l'existence du placé. C'est la définition même de l'objet comme résultat d'une construction à partir d'un point de vue extérieur, de sorte que tout ce qui arrive ou est censé arriver au placé ne doit s'écarter du cadre de l'anticipation, de ce qui est prévisible.

Voilà pourquoi rien de ce qui se déroule dans le cours de sa vie ne saurait faire date ou événement. Le placé est condamné au statut d'objet, puisqu'il est censé être là où l'on attend, à des heures fixées à l'avance, faire ce qui lui est demandé de faire, répondre à une programmation objectale. En ce sens, être placé sous surveillance électronique, ce n'est pas seulement être pisté, c'est encore et surtout emboîter le pas dans ceux du dispositif de surveillance, suivre un chemin en corrélation avec le tracé ou l'écriture de la justice. Rien ne survient, tout est déjà arrivé pour le placé, pourrait-on dire, c'est-à-dire que rien de surprenant, d'inattendu, d'inquiétant ne saurait venir troubler le cours monotone de son existence mécanique et répétitive. Dire que, afin que son existence ne dépende pas du domaine de l'aléatoire ou du calcul des probabilités, le placé doit suivre le chemin préalablement frayé par la justice, c'est souligner le lien qui unit la prison et le placement sous surveillance électronique, et la reconduction, par la surveillance électronique, du geste de l'enfermement jusqu'en milieu libre, puisque le prisonnier et le placé n'ont rien de commun que la platitude et la répétitivité d'une vie statistique, moyenne, ressemblante qu'ils subissent. Dans l'exacte mesure où il est attendu du placé qu'il suive une route préalablement balisée, il n'entre pas dans ses mouvements de dimension d'ouverture à une radicale altérité, de possibilité d'accueil d'événements imprévus. Il y a les prisons fixes et les prisons mobiles. Les jours du placé se succèdent banalement, comme pour le détenu, à la différence toutefois que, pour le premier, cette succession se vit sur le mode de l'accélération et de la vitesse, tandis que, pour le second, cette succession s'éprouve au ralenti.

En définitive, être admis au régime de la surveillance électronique, c'est voir sa vie déchoir d'une manière toute singulière, c'est l'appréhender sous le prisme d'un dispositif extérieur oppressant pour la subjectivité. Condamner quelqu'un à ce régime, c'est lui faire d'abord subir une vie au rabais, et c'est en quoi les mauvais traitements qui sont infligés au placé ne sont pas manifestes ou ostentatoires, mais écartés sournoisement dans la vie intérieure, le pur vécu de la conscience, au point que d'aucuns, ignorant les conséquences psychologiques d'un placement sous surveillance électronique, en appellent encore à une plus grande sévérité de la peine. Le principe d'une condamnation, sous nos latitudes, tend donc de plus en plus à consister dans un pur acte de dégradation de la vie intérieure, et finit par reléguer au second plan les perspectives de la réhabilitation, du pardon ou de la réparation.

C. Un système sans finesse

De là vient la nette impression que tout se passe comme si, dans l'ordre du monde caractérisé pourtant par l'utilité du jugement, de l'intuition ou du sentiment pour appréhender les situations, il s'agissait, pour le placé, d'appliquer les vertus de l'ordre géométrique, ce qui apparaît dérisoire et ridicule. Comme le souligne avec force Pascal, l'hétérogénéité entre l'ordre du raisonnement et l'ordre du monde, ou entre l'esprit géométrique et l'esprit de finesse[21], conduit à mettre en relief l'indispensable distinction entre ce qui se discerne par démonstration et ce qui se juge par intuition. Le recours à la capacité démonstrative du géomètre, bien que nécessaire et effective dans l'ordre des raisons, est inutile pour comprendre les psychologies individuelles et les situations historiques, et vain pour aborder des questions morales, religieuses, affectives ou esthétiques. Un bon géomètre peut totalement passer à côté des subtilités d'un événement historique, manquer les traits particuliers d'une psychologie humaine, être foncièrement malhonnête, égoïste ou incroyant et n'avoir aucune délicatesse pour saisir l'expression d'un visage, un tableau ou un poème.

Rapportée à la mesure de placement sous surveillance électronique, cette distinction pascalienne permet de préciser comment un tel dispositif de surveillance

---

[21] *Les Pensées,* Éditions Lafuma, §512.

conduit à stériliser la vie et l'autonomie des individus. Il est d'ores et déjà important de remarquer que la pauvreté de ce système tient à la confusion qu'il fait entre les deux ordres, et, par conséquent, à son opération de réduction de la réalité extérieure complexe à des principes abstraits, simples, généraux et grossiers (Pascal utilise les adjectifs « gros et nets »). Bien que le propre de la vie ne soit pas géométrique, parce qu'elle se donne sous la forme d'une inconstance et sous les traits de l'obscurité, dans une dimension concrète, parfois mystérieuse, où se superposent, presque à l'infini, des couches ténues et inextricables de réalité, il n'en demeure pas moins que c'est pourtant bien à mener cette existence géométrique que sont condamnés les placés. Projeté sur le dispositif de surveillance électronique, l'individu explique qu'il doit gesticuler sans cesse, selon une trajectoire stérile et creuse, à la faveur d'une sorte d'encéphalogramme plat. Il a l'impression de courir pour rien, ou de ne rien faire en courant, et de régler ses déplacements sur un principe de mesure et de calcul. Le rapport qu'il entretient avec son entourage est un rapport d'exactitude ou de justesse (il doit être « juste » à l'heure, « exactement » à tel endroit, etc.), et non pas un rapport de délicatesse ou de finesse - ce pourquoi la vie relationnelle, affective, sentimentale est mise à rude épreuve par le dispositif de surveillance. Pascal indique que, si le géomètre est habile dans le maniement des principes abstraits et des idéalités, dans les « choses spéculatives et d'imagination », il est maladroit dans la compréhension des réalités, des « choses du monde ». Avoir la rigueur du raisonnement dans les choses abstraites ne permet pas d'y voir clair ou de faire preuve de discernement dans les choses concrètes. Bref, alors même que vivre suppose d'avoir l'intelligence du concret, le placement sous surveillance électronique donne une orientation abstraite et mécanique à l'existence du placé, d'où il résulte un sentiment d'inadéquation entre les exigences du dispositif et la réalité vécue, puisque la mécanique de la surveillance procède par dévoiement de l'existence à l'égard du familier, du proche et du relationnel pour la cantonner dans des constructions schématiques et abstraites inutiles à la vie sociale et aux contacts humains.

Autant dire que la particularité du placement sous surveillance électronique réside dans le fait que le placé doit en permanence procéder à l'établissement de plans, de calculs et de mesure, et subordonner sa vie à une *chronométrie* envahissante. Dans les termes de la philosophie bergsonienne, cela signifie que l'expérience vécue, qui fait pourtant toute la richesse et toute la singularité de la vie humaine, ne s'appréhende plus, pour le placé, comme devenir spontané, non répétitif, imprévisible, voire créatif ou bondissant (élan vital), et que le temps du porteur du bracelet est un temps géométrique, un temps dont les caractéristiques se réduisent, par conséquent, à celles de l'espace. Il s'ensuit que ce temps spatial, qui n'est pas proprement le temps de la vie et de la subjectivité, mais celui de quantités homogènes qui conviendrait à un observateur qui regarderait de l'extérieur un objet en mouvement, conduit le placé à assister, *mutatis mutandis*, à l'insoutenable fragmentation de sa vie. La « vie en miettes », dont parle Z. Bauman[22], traduit parfaitement ce processus de détérioration de la personnalité du placé soumis au régime statique et clos de la surveillance électronique[23]. Prise par les exigences actuelles de la mobilité et de la vitesse, elle tend même à passer au stade liquide[24].

---

[22] Z. Bauman, *La vie en miettes. Expérience postmoderne et moralité*, Rodez, Le Rouergue/Chambon, 2003 (*Life in Fragments*).

[23] Pour Bergson, si l'espace est divisible en une infinité de points, la subjectivité s'exprime, au contraire, sous la forme d'un flux continuel, d'un mouvement dont les instants se compénètrent les uns les autres, se totalisent selon une dynamique ouverte, et s'associent à partir d'un maillage formé des qualités hétérogènes du vécu. Par là on voit que, en imposant au placé de vivre son temps selon les caractéristiques de l'espace, qui sont celles de la division et de la fragmentation, c'est le priver de sa durée propre au profit d'une fade chronométrie régulière et statique, c'est donc l'assujettir à vivre selon le régime de l'objet technique instrumental.

[24] Z. Bauman, *La vie liquide*, Rodez, Le Rouergue/Chambon, 2006 (*Liquid Life*). Selon le sociologue, cette vie liquide est l'archétype même du productivisme et du consumérisme. Elle désigne la condition d'existence de l'homme post-moderne désormais soumis à la loi de l'accélération et au principe de l'insatisfaction permanente.

D. Une vie entachée de propriétés « computationnelles »

Cependant, là où le geste du placement sous surveillance électronique tend à se démarquer nettement de l'acte d'emprisonner, c'est dans le fait qu'il ne s'applique pas uniquement à l'ordre géométrique cartésien (les plans de la prison), mais qu'il fait désormais fond sur un univers puissamment informatisé et programmé (le réseau de la surveillance électronique). En effet, de ce que le placé doit constamment veiller à rentrer à l'heure chez lui, en soumettant scrupuleusement ses déplacements à des périodes d'autorisation de sortie du domicile préalablement définies par un jugement et paramétrées dans le système de surveillance, il s'ensuit que sa vie tout entière est subordonnée à une machinerie dont la particularité est qu'elle est capable de traiter ses pensées et ses mouvements comme une série d'*informations*. Cela veut dire que, devant substituer sa vie intérieure (sa durée) au temps objectif et arbitraire de la montre, le placé voit son existence intégrale placée sous la houlette d'une technologie de l'information et de la communication (TIC). Au fond, vivre sous le régime de la surveillance électronique, c'est être condamné à nier sa spontanéité comme double *capacité de faire ce que l'on veut et de vouloir ce que l'on fait*, et à renoncer à toute forme d'autonomie véritable, au profit d'une conduite sous le principe de l'automation. Par suite, l'activité de réflexion et de désir du placé est elle-

même rangée du côté d'un ordre programmatique computationnel, ce qui signifie que le régime du placement sous surveillance électronique se représente l'esprit (*mind*) comme étant constitué par des informations, et non pas comme étant déterminé par des désirs, comme c'est en revanche le cas dans le champ de la psychanalyse. Ce système de surveillance, axé sur une représentation purement cognitiviste de l'action humaine, prête donc à l'appareil psychique le fonctionnement de l'ordinateur.
Dans ce schéma-là, on voit comment les actes de cognition comme penser, sentir et désirer sont conçus sur le modèle du calcul et de l'interaction avec l'environnement de manière « computationnelle », et comment le placé est conduit à intégrer un principe de communication indexé sur le langage binaire des *in-put* et des *out-put* de l'ordinateur, et s'établissant concrètement à partir des mouvements scandés par les interdictions ou les autorisations enregistrées dans le système de contrôle. Dès lors, la conséquence de ce régime singulier de vie placée sous surveillance électronique ne tient pas seulement au fait qu'il ne fait aucune différence entre le statut de l'humain et celui de l'animal, qui sont l'un et l'autre ravalés au rang de vivants (*zoon*), mais aussi et surtout au fait qu'il assimile le naturel à l'artificiel (*technè*), ce qui est nettement plus grave, puisque l'être est tout entier réduit à un processus de calcul ou à une série d'opérations formelles. Comme le rappelle F. Wolff, « dans le cas des sciences cognitives, la "réussite exemplaire" fondatrice est sans doute l'application de

la théorie de la calculabilité (la thèse dite de Church-Turing, un des fondements théoriques de l'ordinateur) au fonctionnement de l'esprit : toute pensée traitant des informations (ou manipulant des représentations) peut être décrite comme un calcul qui, à son tour, peut être considéré comme une suite d'opérations logiques effectuées sur des symboles abstraits [25]».

---

[25] F. Wolff, *Notre humanité. D'Aristote aux neurosciences,* Paris, Fayard, 2010, p. 127.

Chapitre quatrième

Les modalités de règlement des incidents dans le cadre du placement sous surveillance électronique

A. Une logique de justification permanente

A l'intérieur du système judiciaire et pénitentiaire, comment l'institution traite-t-elle concrètement les incidents dans le cadre de l'exécution d'une mesure de placement sous surveillance électronique ? Il y aura lieu d'insister ici sur le fait que la manière dont elle répond à ces incidents ne relève ni d'une négociation ni d'un système de marchandage, mais repose, plus strictement, sur une logique de mise en conformité avec une procédure commune, ainsi que sur une logique de veille quant à la bonne exécution des sentences pénales. Cela signifie que, pour les acteurs de la justice post-sentencielle, il n'y a pas lieu d'ouvrir des négociations, serrées ou relâchées, avec les condamnés, ou d'entrer dans d'interminables pourparlers en particulier avec les placés, afin de parvenir, à un moment ou à un autre, à un accord avec eux[26], mais de suivre un protocole réglé par

[26] Il est usuel de désigner, dans les services pénitentiaires

l'automaticité du système électronique. L'enjeu de cette analyse vise à souligner, à l'arrière-plan, le danger qui affecte actuellement les services pénitentiaires d'insertion et de probation[27] et qui consiste en une tendance à la dépossession d'un savoir-faire des acteurs du social au profit d'un système électronique fonctionnant « tout seul ».
Quand bien même les condamnés chercheraient à se soustraire au cadre de la mesure de PSE, quand bien même ils s'échineraient à élaborer méticuleusement des stratégies de contournement, à raconter des histoires ou à mettre au point des manœuvres dilatoires bien connues, en réalité il leur est extrêmement difficile d'en tirer de grands bénéfices, non pas seulement parce que les magistrats et les personnels pénitentiaires ne sont pas dupes des subterfuges pouvant être éventuellement utilisés, non pas seulement, non plus, parce que le matériel électronique, ayant fait ses preuves, est jugé suffisamment fiable, mais parce que, plus fondamentalement, les incidents se règlent à la condition expresse que le placé présente les preuves de ce qu'il avance et communique les justificatifs afférents au service pénitentiaire d'insertion et de

d'insertion et de probation, les personnes, qui font l'objet d'une mesure de placement sous surveillance électronique, les « placés », pour les distinguer des « détenus », qui purgent une peine d'emprisonnement, et des « probationnaires », qui exécutent une autre sanction pénale en milieu ouvert, c'est-à-dire au sein de la communauté.

[27] Dénommé ci-après, par commodité, SPIP.

probation compétent, dans le ressort duquel se situent son domicile et son lieu d'assignation. Autrement dit, le placé en situation d'incident doit fournir au SPIP non seulement des explications, mais également, à un niveau complémentaire et supérieur, des justifications, ce qui revient à souligner qu'il doit satisfaire à une double exigence indispensable :

- à une exigence d'oralité, en étant réactif aux échanges téléphoniques avec le pôle de surveillance qui prévient l'ensemble des acteurs judiciaires et pénitentiaires de l'incident, et en s'expliquant sur les raisons de l'activation de l'alarme ;
- à une exigence d'écriture et de justification, par la production rapide des documents attestant de ses allégations.

B. La valeur du jugement

En outre, il n'est pas inutile de rappeler que, lorsqu'un condamné remplit les conditions juridiques pour déposer une demande d'aménagement de peine, lorsqu'il est motivé pour former plus particulièrement un projet de PSE, le juge de l'application des peines rend sa décision[28], dans le sillage des propositions faites par le SPIP et consécutives à l'examen dudit projet, après la tenue éventuelle d'un débat contradictoire, dans le cadre d'une ordonnance statuant sur la demande d'aménagement de peine

[28] Dénommé ci-après JAP.

exécutable sous la modalité du PSE -, ordonnance dans laquelle sont exposées les conditions et les obligations auxquelles devra satisfaire le placé, ainsi que les périodes d'assignation à domicile sous le contrôle et la traçabilité du système électronique. A cet égard, l'article 723-7-1 du Code de procédure pénale indique que « lorsqu'il a été fait application des dispositions de l'article 132-26-1 du Code pénal, le Juge de l'application des peines fixe les modalités d'exécution du placement sous surveillance électronique par une ordonnance non susceptible de recours dans un délai maximum de quatre mois à compter de la date à laquelle la condamnation est exécutoire ». Où l'on voit, d'une part, que le jugement du JAP sert de support et de base à partir desquels le SPIP mettra en œuvre la mesure et assurera le suivi, ce qui s'opère, par conséquent, sur fond de reconnaissance légale et d'officialisation objective attestées par la publication d'un document faisant autorité ; et, d'autre part, que le moyen d'action de la justice pénale, dans sa version post-sentencielle, n'est donc pas la négociation ou le marchandage, mais l'application stricte d'un jugement garantissant un contenu objectif.

C. Un dispositif automatique et paramétré

La difficulté de contournement du système de surveillance électronique ne tient pas seulement aux règles de procédure, à l'expérience des acteurs de terrain et à l'existence du jugement, mais encore à la nature même du dispositif. En effet, le caractère électronique et programmatique du matériel utilisé, semblable à la technologie du GPS[29] et des téléphones portables, laisse en fait peu de marge aux erreurs d'enregistrement et de détection. Sur le plan pratique et expérientiel, dans la mesure où cette technologie de la surveillance électronique est fonctionnelle et où elle remplace la main faillible de l'homme, elle tend à prévaloir sur les opinions variables des individus, et a d'emblée préséance sur les diverses tergiversations ou tentatives d'évitement des condamnés, ce qui signifie que, lors du déclenchement de l'alarme, les professionnels ne préjugent pas d'abord d'un dysfonctionnement du matériel, mais d'un incident authentique dont le placé est tenu pour responsable. Si les SPIP étaient dans la position inverse de supposer d'emblée un problème technique lors de l'activation de chaque alarme, il faudrait d'urgence qu'ils reconsidèrent leur appareillage et procèdent rapidement à des réajustements, tant ils ne pourraient alors plus mener à bien leurs missions de contrôle et d'accompagnement. Or, comme ces dysfonctionnements ou bugs restent très marginaux au regard de la quantité des personnes placées sur le dispositif et en proportion de la masse des données traitées, il en résulte que le matériel électronique est jugé fiable, opérationnel et propre à étendre son champ d'action. L'histoire et les statistiques liées au développement continu de la surveillance

[29] *Global Positioning System*.

électronique témoignent d'ailleurs d'une fiabilité certaine. Il en va d'ailleurs de même de tout système électronique pour lequel la confiance précède leur utilisation. Qui ne voit que les usagers des transports en commun, à commencer par ceux des transports aéroportuaires, manifestent une fidélité si suffisante aux équipements électroniques des avions qu'ils n'hésitent pas à voyager massivement dans ces appareils, malgré les défis qu'il sied de relever contre les lois de la pesanteur, des vitesses et des hauteurs ?

D. Un partage des tâches professionnelles

Si les surveillants affectés sur le pôle de surveillance sont les premiers à être alertés de la survenue des incidents - chronologiquement d'abord les surveillants qui opèrent dans les centres interrégionaux, puis ceux qui interviennent dans les SPIP -, ils n'ont cependant pas pour rôle d'évaluer, et encore moins de prononcer des décisions quant aux conséquences des incidents repérés. Plus exactement, sur le point qui nous occupe, leur rôle consiste à procéder aux constatations des incidents, à recueillir, par téléphone, les premières explications des placés et à relayer ces informations auprès de la Direction des SPIP. Selon l'ampleur et la durée des incidents, le Directeur fonctionnel du service pénitentiaire d'insertion et de probation donne, sur la base de son activité de management, les consignes à suivre aux conseillers pénitentiaires d'insertion et de probation[30], afin qu'ils en déterminent les causes, en précisent les raisons et en évaluent la portée, d'une part, à partir des explications circonstanciées des placés et des justificatifs que ceux-ci sont tenus de fournir à l'appui de leurs dires, et, d'autre part, à la lumière d'éventuels incidents antérieurs déjà signalés et enregistrés. Il va sans dire que, lorsqu'un bracelet est susceptible de présenter une anomalie, le pôle de surveillance ne tarde pas à s'en apercevoir et procède à son remplacement. De sorte qu'il est difficile pour les placés de « prétexter » des dysfonctionnements électroniques pour gagner du temps libre ou échapper au contrôle, surtout quand le matériel a déjà été remplacé et qu'il est tout à fait fonctionnel avec les autres condamnés. Il est d'ailleurs attendu des placés qu'ils ne détériorent pas le matériel – détérioration qui peut leur être imputable et reprochée.

Où l'on voit que la règle de gestion et de traitement des incidents réside dans un principe d'organisation et de fonctionnement clairement établi et partagé par l'ensemble de l'équipe des SPIP, puisque les condamnés assujettis à une mesure de PSE doivent attester de la réalité des événements qu'ils relatent et assurer de leur bonne foi par la transmission de tous documents utiles susceptibles d'étayer objectivement leurs déclarations. La nécessité de cette transmission est réclamée par les DFSPIP et les JAP, qui, loin d'être

[30] Dénommés ci-après DFSPIP, pour les directeurs, et CPIP pour les conseillers.

en proie à quelques naïvetés, sont les garants de la bonne exécution des mesures de justice. De sorte que, selon ce schéma procédural, il est remarquable de voir que, dans les SPIP et les cabinets des JAP, il n'y a pas place pour l'arbitraire et les jugements immotivés ou à l'emporte-pièce, et que la vigilance y est tellement de mise qu'elle occupe, pour une grande partie, l'activité des services qui ne manquent pas de renforcer, dans bien des cas, leurs moyens de contrôle et de suivi par la formation d'un pôle de surveillance électronique spécialisé[31]. Il est alors d'usage de procéder à des vérifications et à des évaluations collégiales quant à la pertinence des explications apportées et à la valeur des justificatifs transmis par les placés, ainsi qu'à la fréquence des incidents. Comme le précise l'article R. 57-22 du Code de procédure pénale, « le contrôle du respect des obligations de la personne assignée s'effectue par vérifications téléphoniques, visites au lieu d'assignation, convocations à l'établissement d'écrou ou, dans les cas prévus à l'article R. 57-21, au service pénitentiaire d'insertion et de probation ». Dès lors, au lieu donc d'interpréter ou de surinvestir

[31] Devant le constat d'une augmentation constante du nombre de PSE, il est important de noter que les SPIP de grande envergure, notamment ceux de la région parisienne, ont été conduits à créer, en leur cœur, des pôles de placement sous surveillance électronique réunissant à temps plein, sur le dispositif, différents personnels complémentaires (surveillants, CPIP, DPIP), afin d'enrichir tant leur efficacité que leur niveau de réactivité aux incidents.

subjectivement les incidents constatés, les SPIP ont soin de procéder à une collecte de données, à des vérifications et à la rédaction de rapports circonstanciés visant à rendre compte objectivement des situations difficiles ou des péripéties que rencontrent les personnes dont le suivi leur est confié.

E. Un système de surveillance indépendant des acteurs

C'est pourquoi, il y a lieu de relever que, de même que le dispositif de surveillance électronique se rattache à une technologie ondulatoire et automatique, comparable à celle du radar, de même la règle de traitement des incidents repose sur une procédure préalablement définie, systématique, rodée, et appliquée par l'ensemble des professionnels de l'insertion et de la probation, à tel point que, quand bien même un agent voudrait déroger à la règle procédurale, il ne le pourrait pas. En d'autres termes, contrairement à la conduite d'un entretien où une marge d'appréciation, liée à la capacité relationnelle des interlocuteurs, est laissée aux CPIP, dans le cas du traitement des incidents causés par les placés, les professionnels des SPIP sont autrement astreints à un régime procédural qui les précède et qui définit leurs moyens d'action, leur champ d'application et leur mode de réaction. Cela est d'autant plus vrai que, dans l'exacte mesure où ce ne sont pas les CPIP qui constatent les incidents, mais les surveillants du pôle, dans l'exacte mesure aussi où ce ne sont pas eux qui établissent les consignes ou prononcent, *in fine*, les décisions, mais les JAP ou, le cas échéant, à titre dérogatoire, les DFSPIP, dans l'exacte mesure enfin où ce ne sont pas eux qui établissent les jugements d'aménagement de peine ni ne constituent les dossiers qui leurs sont affectés, il s'ensuit que leur rôle, au sein des services, répond à une méthodologie fortement encadrée et particulièrement propre à permettre la réalisation d'une enquête et la conduite d'une activité de coordination[32]. D'où il résulte que les CPIP sont avant tout des praticiens de l'accompagnement qui font la jonction entre le tribunal et les condamnés, et qui ont pour tâche de croiser, de réunir et d'évaluer l'ensemble des informations ressortissant aux situations des personnes suivies, et ce par le moyen de la rédaction et de la communication de rapports détaillés et étayés, au profit de l'autorité mandante.

De là vient le fait que, à supposer même qu'ils soient suspectés de manipulation, les placés ne peuvent aisément parvenir à négocier avec les SPIP aux fins de contournement du dispositif de surveillance électronique, pour la bonne et simple raison que les professionnels ne font que rendre compte de situations, de comportements ou d'évolution, et que la surveillance électronique ressortit à un paramétrage et à un fonctionnement

[32] On qualifie parfois, au sein des SPIP, l'activité des agents sous la dénomination de « courroie de transmission » ou de « gestionnaire de flux ».

automatique/programmatique qui surplombent précisément tant les condamnés qui doivent s'y soumettre, que les acteurs qui les mettent en œuvre. De ce schéma il résulte clairement que l'élément électronique tend à supplanter l'élément humain, et à mettre au premier plan un suivi automatique au détriment des relations humaines interindividuelles pourtant si indispensables à la constitution de projets, au travail social et aux perspectives de sortie de la délinquance.

F. Des recherches universitaires en trompe-l'œil

Ainsi est-il pour le moins douteux de laisser croire, d'une part, que l'action des SPIP s'inscrirait dans un cadre de négligence, de passe-droits, d'évitement ou de contournement des règles de droit, et d'autre part, que la technologie de la surveillance électronique serait de nature, en raison de défaillances coutumières qui lui seraient consubstantielles, à conduire habituellement à des négociations ou à un marchandage ininterrompu entre le système judiciaire et le public qui lui est confié. Si tel était le cas, il y aurait alors lieu d'agir vite afin de mettre un coup de frein à ce qui serait compromettant et hostile à la bonne exécution des mesures de justice, et fondamentalement contraire au principe de l'égalité de traitement. A cet égard, l'article de Johann Chaulet et Camille Allaria, « Négocier (avec) la surveillance électronique »[33], qui met en cause l'objectivité et la neutralité de fonctionnement du dispositif de la surveillance électronique, est on ne peut plus sujet à caution, et nous confronte sérieusement à cette alternative : ou bien le SPIP visité par la chercheuse est effectivement vecteur d'un système arbitraire des plus déloyaux – auquel cas il importerait d'y remettre vite de l'ordre et de la cohérence -, ou bien l'activité de recherche dont se réclame l'auteur nécessite à son tour une méta-analyse sociologique destinée à pointer les insuffisances de l'enquête et à débusquer, non pas seulement les raccourcis qui entachent l'article, mais aussi justement les interprétations, les approximations et les projections subjectives de l'enquêtrice[34]. Quand, dans l'article susmentionné, à propos du traitement des violations horaires, on lit ceci : « On voit bien l'accueil différent que reçoivent les arguments de la part des personnes en charge de la surveillance. L'emploi est une raison suffisante pour déroger à la règle préalablement établie quand l'hospitalisation d'un proche ne l'est pas », il apparaît que l'enquêtrice oublie de se référer autant aux règles

---

[33] Article publié dans *Terminal* [en ligne], 118, 2016, mis en ligne le 15 octobre 2016, consulté le 22 décembre 2016. URL : http://terminal.revues.org/1434 ; DOI : 10.4000/terminal.1434

[34] D'où il résulte l'importance de rappeler à regret que, pour un praticien, l'un des traits d'union de bien des travaux de chercheurs, en particulier dans le domaine de la justice, tient précisément à l'éloignement de la pratique, à la méconnaissance du terrain, à l'inexpérience et à l'invisibilité de nombreux angles morts.

de procédure qui orientent les missions des SPIP, qu'aux textes pénaux qui dictent la conduite à tenir[35]. Plus prosaïquement, s'agissant du « bon » ou du « mauvais » accueil fait aux raisons avancées par les placés pour justifier d'une violation du cadre horaire de l'assignation à résidence, n'est-il pas inutile de rappeler, en parallèle, l'existence d'articles juridiques qui encadrent les demandes de permission de sortir, tout particulièrement en ce qui concerne les motifs et la durée ?

Au demeurant, le développement d'une critique argumentée, réfléchie et adossée à une expérience quotidienne de terrain vis-à-vis de cette enquête comporte sinon l'avantage, du moins le mérite de mettre le doigt sur un problème constant et de taille dans le domaine de la recherche appliquée à l'univers péno-pénitentiaire : en effet, quelles garanties l'ethnographe est-il capable d'apporter en termes de résistance à la réinterprétation des faits et à la reconstruction du réel ? Au fond, à quelles conditions une enquête sociologique peut-elle convaincre et être de nature à présenter un éclairage largement partagé et même, en droit, à valeur universelle ?

[35] En particulier le Code de procédure pénale et les ordonnances des juges de l'application des peines.

Chapitre cinquième

Éléments de réflexion sur la contrainte pénale à la lueur des mesures d'enfermement

A. Le « principe » de la contrainte pénale

Dans son principe, l'instauration de la mesure de contrainte pénale traduit une certaine volonté du législateur de rompre avec le schéma habituel des sanctions pénales référées à la seule peine d'emprisonnement et à ses avatars, comme le dispositif de placement sous surveillance électronique. L'idée de départ de cette mesure, née à l'occasion de la Loi n° 2014-896 du 15 août 2014 relative à l'individualisation des peines et renforçant l'efficacité des sanctions pénales, reposait, semble-t-il, d'une part, sur la perspective de mettre à disposition des juges une autre mesure complémentaire substitutive à l'incarcération, et, d'autre part, sur la recherche d'un mécanisme qui rende plus complexe et moins automatique le recours à l'incarcération, en particulier pour la petite et moyenne délinquance. Parallèlement, il s'est agi d'associer plus intimement la communauté politique à la mise en œuvre d'une mesure destinée à des condamnés pourtant susceptibles de faire l'objet d'une forme d'ostracisme social. A cet égard, l'article 18 de cette loi dispose que : « La contrainte pénale emporte pour le condamné l'obligation de se soumettre, sous le contrôle du juge de l'application des peines, pendant une durée comprise entre six mois et cinq ans et qui est fixée par la juridiction, à des mesures de contrôle et d'assistance ainsi qu'à des obligations et interdictions particulières destinées à prévenir la récidive *en favorisant son insertion ou sa réinsertion au sein de la société* [c'est nous qui soulignons] ».

L'ambition initialement affichée par ses concepteurs était donc de proposer une mesure complète destinée à concurrencer sérieusement la peine d'emprisonnement. Il va de soi que, à partir du moment où les juges n'ont pas d'autre alternative probante que celle de recourir à la peine d'emprisonnement dans l'arsenal répressif qui leur est offert - compte tenu de la trajectoire et de la personnalité du condamné ainsi que de l'infraction commise par celui-ci -, il n' y a pas lieu pour eux de tergiverser longtemps : faute de mieux, en tout cas en l'absence de mesures pénales, sinon variées, du moins suffisantes, susceptibles de rivaliser rigoureusement avec la prison pour peine, il ne leur reste plus qu'à se résigner à se servir de la peine d'emprisonnement pour appliquer la loi et montrer à l'infracteur ce qui lui en coûte que de s'écarter de la règle de droit. Toutefois, nous verrons ci-après qu'il est important d'apporter une réserve à cette remarque, puisque, disposant maintenant de ce nouveau dispositif pénal,

les juges ne s'en saisissent pas pour autant.
De là vient que la question qui demeure est celle de savoir comment s'approprier la mesure de contrainte pénale dans un contexte où l'on considère encore, de façon immémoriale, que, dès l'instant où une infraction est reprochée au mis en cause, dès l'instant où sa culpabilité est établie, il en résulte qu'il doit se soumettre à un régime de punition qui consiste à lui faire subir le châtiment de sa faute. Dans ce schéma-là, la prison se présente d'ailleurs comme un objet naturel et même comme la seule modalité punitive expéditive quasi archétypale, alors même qu'elle est historiquement advenue.

B. La « philosophie » de la contrainte pénale

D'un point de vue philosophique ou, si l'on veut, au plan d'une réflexion sur les principes, la contrainte pénale a ceci d'intéressant qu'elle exprime l'idée novatrice que la responsabilité de l'infraction est *partagée*, c'est-à-dire que, si elle incombe de prime abord au délinquant, elle est pour partie imputable à la collectivité qui a failli dans son double rôle de protection et d'éducation de l'ensemble de ses membres. En sorte que, si la société se refuse d'accueillir en son sein l'infracteur pour l'accompagner dans ses efforts de reclassement ou de réadaptation, elle n'aboutit qu'à accentuer sa responsabilité, à aggraver sa compromission et à répéter l'oubli ou le délaissement de certains de ses membres. La contrainte pénale introduit, en quelque manière, dans son geste originel, le principe de l'obligation du partage de la dette.

Ce principe prend tout son sens si l'on se souvient que, politiquement ou socialement, il semble contestable, voire arbitraire de diviser la société en honnêtes citoyens d'un côté et en délinquants infréquentables de l'autre, puisque chacun peut être rangé tantôt sous l'un, tantôt sous l'autre statut, *en fonction des circonstances*. A cet égard, la pratique mi-quotidienne de l'insertion et de la probation au sein de l'univers pénitentiaire, adossée à une réflexion philosophique constante, peut conduire à chercher à percevoir jusqu'au bout la signification de l'énoncé décisif suivant : on ne naît pas délinquant, on le devient. Néanmoins, se pourrait-il que la communauté politique se sente elle-même honteuse et partie prenante de l'acte répréhensible qu'a pu commettre un des siens ?

En d'autres termes, ce qui gît au fond de la contrainte pénale, du moins dans sa pensée initiale fondatrice ou dans sa décision inaugurale, c'est, semble-t-il, l'idée que la société ne saurait désormais se satisfaire du rejet pur et simple de l'un de ses constituants, fût-il un individu dissemblable ou présentant l'apparence du « tout autre », dans les limbes des espaces de relégation carcérale, sous peine de persister à ne pas saisir ce qu'il y a ou devrait y avoir de profondément hospitalier dans le droit. Car, à l'opposé d'un certain réflexe archaïque, il apparaît que le resserrement des liens collectifs gagne à se penser et à se renforcer, non

pas contre, mais *avec* celui qui a failli.
Par ce motif, il semble bien que la contrainte pénale recèle quelque chose de neuf et de courageux, par cela seul qu'elle s'institue sur un principe d'ouverture là où la prison bégaie son principe de clôture : dans la sanction pénale qu'elle a cherché à réfléchir, la contrainte pénale a en effet laissé entrevoir la perspective d'infliger une peine sous la modalité, non pas du seul châtiment et des formes de l'hostilité, mais sous celle désormais de la compréhension et de l'accueil. Cela signifie que, bien que le délinquant soit celui qui a rompu le contrat social, comme nous le rappelle son étymologie, il ne va pas de soi d'en conclure à la nécessité de le traiter comme un ennemi. Rien n'interdit d'avoir rapport avec lui par le regard fécond offert par le principe de l'*hospes* plutôt que par celui de l'*hostis*, c'est-à-dire en le traitant d'égal à égal. Sans doute faut-il être capable, objectera-t-on, de faire des efforts considérables pour se figurer que la collectivité est plus forte, plus saine, plus structurée, non pas en congédiant l'infracteur, mais en le maintenant dans son droit au moment même où il semble s'en écarter. De ce point de vue, la contrainte pénale permet d'apporter un premier jalon à la perspective selon laquelle la sanction n'a de force qu'à la condition de viser au maintien de la réconciliation primitive (peut-on penser cet oxymore ?), plutôt qu'à l'entretien *a posteriori* de la fracture ou de la dualité.
Dès lors, la contrainte pénale implique d'accomplir un pas de côté décisif vis-à-vis de nos angoisses et de nos peurs, en rompant avec l'habitude d'accoler

facilement l’étiquette d’individu dangereux à l’infracteur, et en gardant à l’esprit que la figure de l’ « inquiétante étrangeté » de celui-ci n’est corrélative que de sa prétendue contre-naturalité, de sa capacité supposée de forcer les lois inéluctables de la nature, bref de nos superstitions. Pour le bien comprendre, rappelons la différence qualitative entre une loi juridique ou sociale et une loi naturelle : la loi juridique se rapporte à l'exercice d'une contrainte à laquelle chacun peut néanmoins se soustraire, là où la loi naturelle ordonne sans la possibilité d'invoquer un recours ou de trouver une échappatoire. Autrement dit, la première commande, tandis que la seconde se constate ; ou bien encore, la première oblige (moralement ou socialement) quand la seconde nécessite (naturellement). Par conséquent, le trouble causé par l'apparition de l’individu dangereux tient d'emblée à sa capacité supposée de se dérober à la nécessité, de plier les lois de la nature. Il est comme un fait ou un être qui ne dérive pas de la nature elle-même, mais qui y préside. Et lorsque les légendes le dotent de pouvoirs incommensurables ou de comportements démentiels, il n'est pas loin de revêtir les habits maléfiques du monstre... D'où l'effroi qu'il suscite ! C'est donc la croyance dans le caractère, pour ainsi dire, infractionnel du délinquant vis-à-vis de la nature elle-même qui rend celui-ci si épouvantable ou monstrueux et qui impose de l’éliminer sans tarder, en lieu et place de le soigner, de l’accompagner, de l’éduquer.

Dès lors, il est intéressant de noter que ce à quoi nous

invitait la contrainte pénale dans sa conception initiale, c'est à donner le change à Kant, en suggérant que l'exécution de la sanction pénale n'a pas pour pendant d'honorer le délinquant par la reconnaissance de sa faculté juridique et, par là, de sa dignité, puisqu'on ne saurait sanctionner un animal dépourvu de droits, mais entraîne plutôt le déshonneur du politique qui démontre, par le châtiment qu'il élabore méticuleusement et se plaît à mettre sordidement en scène, son incompétence en matière de cohésion sociale et son incapacité à s'affranchir des passions douteuses (Spinoza dit d'elles qu'elles sont tristes) comme la vengeance, la haine et la colère, qui ne répandent que malheur, plainte et affliction. Comme le regrette l'auteur de *L'Éthique* : « C'est en effet une certitude (...) que les [hommes] sont enclins à la vengeance plus qu'à la miséricorde »[36]. Sur ce point, il a plus particulièrement appartenu à Nietzsche de mettre résolument le doigt sur les puissants relents de ressentiment qui sous-tendent la volonté de châtiment et sur l'indistinction qui en résulte entre le citoyen honnête et le délinquant éhonté. Au point que, dans bien des cas, la victime ne diffère que de quelques degrés de l'infracteur. En réalité, à bien le lire, le philosophe du soupçon nous renseigne que ce n'est pas pour le bien du délinquant qu'on le punit, mais pour des raisons d'utilité sociale, souvent fallacieuses et contre-

---

[36] Spinoza, *Traité politique*, chap. I, V, Paris, Éditions Réplique, 1979, p. 15.

productives, appuyées par nombre de justifications sophistiques dont il convient de se méfier et de se départir... En définitive, la double question que la contrainte pénale a pu poser aux penseurs de la peine est peut-être celle-ci : d'une part, sous quelles conditions et dans quelle mesure est-il permis de chercher à déplacer notre regard quant à l'échelle des peines, et, d'autre part, n'est-il pas temps d'espérer dorénavant nous libérer de nos contraintes punitives qui s'enracinent dans nos angoisses et nos craintes, et qui sont indexées sur un geste d'exclusion pure qui se réalise hors-champ, en dehors de l'espace commun ?

Tout se passe donc comme si notre communauté politique avait cherché un temps, comme en un éclair, à travers le moment de l'instauration de la contrainte pénale, à abandonner le formalisme de son droit et à renouer, en quelque manière, avec les principes holistiques des sociétés traditionnelles consistant dans le tissage de liens d'appartenance si forts qu'elles répugnent à éliminer l'un de leurs membres, fût-il délinquant. Dans son *Anthropologie juridique*, Norbert Rouland rapporte comment les sociétés traditionnelles du Groenland s'organisent pour éviter d'exclure l'un des leurs et comment l'idée même de l'élimination d'un semblable gênant est vécue par elles comme une perte dommageable pour la collectivité qui pâtit davantage de son absence que de sa présence. Est-il nécessaire de rappeler qu'au sentiment d'être « de trop » dans les sociétés modernes s'oppose le « besoin de l'autre » dans les sociétés traditionnelles ?

C. Les raisons de l'insuccès de la contrainte pénale

La question de savoir à quoi tient l'insuccès de la contrainte pénale recoupe, comme par un effet de miroir, celle de savoir pourquoi la France ne cesse de battre ses propres records en termes de taux d'incarcération. De même que, alors que certaines instances, comme la Cour européenne des droits de l'homme, dénoncent habituellement nos prisons, leur surpopulation, leur délabrement, il est saisissant de constater, dans le même temps, que les incarcérations à la française se maintiennent à un haut niveau, parfois s'accélèrent, de même, alors que la loi ayant permis la création de la contrainte pénale existe maintenant, il apparaît que non seulement les juges s'en détournent, mais poursuivent le processus depuis longtemps en marche de pénalisation de la société.
L'une des explications fondamentales relatives à cet insuccès et, corrélativement, au maintien de la surpopulation carcérale, ressortit à ce que nous appelons « la compulsion de punir », et à sa conséquence immédiate qui s'exprime par la croissance, et même par l'explosion des motifs de condamnation depuis l'instauration du Code napoléonien de 1810. Ce n'est pas que les individus sont plus « délictueux » aujourd'hui qu'hier - encore que ce soit la loi qui précède l'infraction (la loi crée le crime), et pas l'inverse (le crime détermine la loi) :

c'est que, à force de créer de nouveaux délits, d'amplifier le taux des condamnations, d'allonger la durée des peines, la société présente maintenant un fort risque que bien des personnes tombent dans son filet pénal ... Au point même que la frontière entre la délinquance et la non-délinquance tend à devenir moins nette aujourd'hui et que nul ne peut plus être assuré de ne pas faire l'objet un jour de cette forme d'hystérie pénale ! Il ne fait pas de doute que le contexte sécuritaire est le premier des freins au déploiement de la contrainte pénale – mesure, au demeurant, très marginale au milieu de l'arsenal répressif[37]. Le constat sur le terrain de l'inflation pénale est corroboré par des études.

D'autres raisons intriquées sont aussi à développer, notamment celles qui relèvent :

a. du rôle de l'opinion publique généralement plus vindicative que débonnaire (cf., Spinoza, *supra*) ;

b. du commerce juteux, et souvent inavouable, qui se développe autour des programmes de construction de prisons ;

c. de la difficulté et même de « l'angoisse de juger », pour parler comme Foucault, dues à l'isolement des juges et à leur crainte d'endosser la responsabilité de libérer ou de maintenir en liberté un récidiviste

---

[37] Par exemple, Claire Saas, « La catégorisation des peines », dans *Droit et Société*, mars 2014, n° 88, et Jean-Paul Jean, « Transformations et permanences dans la fonction et la façon de punir », dans *Le droit de punir, du siècle des Lumières à nos jours* (sous la direct. De F. Chauvaud), Presses universitaires de Rennes, coll. « Histoire », 2012.

potentiel ;
d. des attaques en règle et périodiques contre le système judiciaire et de sa mauvaise réputation, la justice étant accusée tantôt de laxisme, tantôt de lâcheté par le pouvoir politique lui-même ;
e. de l'existence de la mesure, qui a fait ses preuves, de sursis assorti d'une mise à l'épreuve. Ce point mérite qu'on s'y arrête un instant, parce qu'il a partie liée avec le phénomène de la compulsion de punir. En effet, dans l'exacte mesure où, comme on l'a vu, on assiste au durcissement des peines, il s'ensuit qu'il est difficile de vanter, dans ce contexte, les mérites de la contrainte pénale contre les prérogatives de l'emprisonnement. Autant dire que la relative nouveauté de la contrainte pénale ne joue pas à armes égales avec la vieille « aura » de l'institution carcérale. Mais il y a plus : non seulement elle peine à concurrencer la prison (ce pourquoi elle a pourtant été créée), mais elle n'est même pas en capacité de rivaliser avec le sursis avec mise à l'épreuve (ce pourquoi elle n'a toutefois pas été créée), puisque celui-ci date de 1958, que des millions de Français en ont fait l'objet depuis sa création, et qu'il n'y aurait pas de sens à le mettre en balance avec la contrainte pénale qui sont deux mesures du milieu ouvert. En d'autres termes, la contrainte pénale ne mord significativement ni sur la prison ni sur le milieu libre, de sorte que son usage est globalement délaissé par les juges. De surcroît, au plan, non pas technique, mais pratique, les conseillers pénitentiaires d'insertion et de probation ne perçoivent d'ailleurs pas de différence

tangible entre le sursis assorti d'une mise à l'épreuve et la contrainte pénale, puisque l'un comme l'autre :
- d'une part, se conçoivent sur fond d'incarcération. Rappelons que la loi ayant donné naissance à la contrainte pénale indique que : « La juridiction fixe également la durée maximale de l'emprisonnement encouru par le condamné en cas d'inobservation des obligations et interdictions auxquelles il est astreint » ;
- d'autre part, partagent un certain nombre de dispositions, comme le souligne encore le texte de loi : « Dès le prononcé de la décision de condamnation, la personne condamnée est astreinte, pour toute la durée d'exécution de sa peine, aux mesures de contrôle prévues à l'article 132-44 ». En outre : « Les obligations et interdictions particulières auxquelles peut être astreint le condamné sont : 1° Les obligations et interdictions prévues à l'article 132-45 en matière de sursis avec mise à l'épreuve ».

En guise de conclusion

Sanction éducative *versus* punition pénale

Au terme de notre itinéraire et de notre immersion dans le registre des pénalités d'enfermement, il est fort utile d'esquisser une analyse tenant à la nécessaire différenciation entre sanction et peine, afin, d'une part, de mesurer l'écart qui se rencontre dans les modalités de la punition et, d'autre part, de percevoir rétrospectivement ce qu'il y a d'irréductible dans la punition proprement pénale d'aujourd'hui. Ce travail de comparaison permettra, en retour et à l'arrière-plan, de faire ressortir les motifs conduisant au maintien de l'exercice d'un enfermement dans l'économie du pouvoir de punir contemporain.

Il est à remarquer d'abord que, dans la sanction éducative, la fin visée par les parents concerne le Bien de leurs enfants. Il s'agit, pour les parents, de préparer leurs enfants à affronter l'avenir qui se dessine, et, par conséquent, d'œuvrer en faveur de l'établissement des conditions relatives autant à leur place dans la société et qu'à leur bien-être ou à leur confort futurs. A l'inverse, dans la punition pénale, la fin poursuivie par les juges n'a pas trait au Bien des condamnés, mais à celui de l'ordre, éventuellement à celui des dominants en tant qu'ils ont intérêt à pérenniser le système existant qui leur est favorable. Des condamnés énoncent parfois, en ce sens, que le Code pénal est fait pour empêcher les pauvres de voler les riches, tandis que le Code civil est fait pour permettre aux riches de voler les pauvres... Quoi qu'il en soit, il est certain que le juge ne dit jamais au condamné qu'il le punit pour son Bien, car il sait au fond de lui qu'il punit, en réalité, pour le bien d'un autre (au nom de l'ordre, des intérêts d'un groupe particulier, du carriérisme, ou d'autre chose encore).

Dans la sanction éducative, la violence exercée sur les corps, par exemple par la fessée, la privation de dessert, l'interdiction de sortir, etc., se présente « sous contrôle », puisqu'elle se veut modérée. Cela signifie que la violence physique ne se livre pas sur n'importe quelle partie du corps, mais sur des zones corporelles choisies ou ciblées, de sorte que non seulement, sur le plan symbolique, elle ne soit pas exagérément vexatoire ou dégradante, mais qu'elle ne soit pas non plus excessivement douloureuse ou dangereuse. La violence éducative ne vise pas à commettre des mauvais traitements, à frapper le visage, à enfermer les enfants dans le noir, à les martyriser. Les parents contrôlent leurs faits et gestes, font preuve de retenue. *A contrario*, dans la punition pénale, la violence exercée sur les corps n'est pas subordonnée à l'idée de mesure. Sur le plan punitif, tous les moyens sont bons ici pour exercer une violence débridée, quasi sadique selon une terminaison nietzschéenne. Les conséquences de la violence pénale sont indifférentes aux juges, elles n'entrent pas en ligne de compte quand ils punissent, en ce sens qu'ils ne se demandent pas si l'application des pénalités comporte des effets pervers ou dangereux, si elle entraîne ou pas des « dégâts collatéraux » sur les plans physiologique, psychologique, familial, professionnel, social. Les juges, au service du pouvoir, ont droit de laisser libre cours à leur imagination punitive dans le cadre de l'arsenal punitif qui leur est proposé, ils peuvent débrider leurs instincts de châtiment et se faire plaisir à faire mal – l'exercice de ce mal se justifiant par eux à l'aide du principe confortable de riposte, puisqu'il s'agit de faire mal au mal.

Si donc, dans la sanction éducative, les parents inclinent vers la mesure et la bienveillance, dans la punition pénale, les juges tendent vers l'excès et la malveillance. C'est que la sanction éducative est l'expression d'un ordre parental qui veille, tandis que la punition pénale est la traduction d'un ordre judiciaire qui surveille. Dans le fait de *veiller* sur quelqu'un se révèle une volonté attentionnée, voire affectueuse, ainsi que cela se constate dans la relation des parents aux enfants. En revanche, dans le fait de *surveiller* quelqu'un, se trouve l'intention de surprendre, de prendre en défaut, de quadriller, de piéger, de nuire. C'est-à-dire que la surveillance se double d'une logique négatrice de l'autre. Cet écart abyssal entre veiller et surveiller se retrouve dans le témoignage de ceux qui en font l'expérience. Par un effet de retour, les enfants manifestent une confiance dans leurs parents, ils se plaisent à se fier à eux, parce qu'ils sentent ou ont conscience qu'ils peuvent croire à leur parole, à leurs orientations et à leurs conseils. Tout à l'inverse, les condamnés n'accordent aucune valeur aux propos des juges, ils ne démontrent à leur endroit aucune confiance ni aucune fidélité. Parce qu'ils ne sauraient leur attribuer aucune qualité éducative ou exemplaire, les condamnés ne témoignent pas de reconnaissance à l'égard de leur juge. D'ailleurs, les juges ne poussent pas l'insolence à attendre des condamnés remerciements et satisfaction après le prononcé de la peine.

Par suite, la distinction entre la sanction éducative et la punition pénale se définit à partir du rapport entre le supérieur (le moral, le spirituel) et l'inférieur (le corporel, l'instinctif). En effet, dans la sanction éducative, on assiste au mouvement allant de l'inférieur vers le supérieur, puisqu'il s'agit de travailler à l'élévation de l'enfant. Il s'agit, par là, de l'accompagner à s'élever au-dessus de lui-même, de l'aider à dégager des perspectives constructives personnelles de vie, de le préparer à la vie d'adulte, de le responsabiliser, de l'encourager à gagner en autonomie. Par la sanction éducative, les parents veillent à accompagner leurs enfants dans leurs projets, à les aider à dégager ce qui est bon et utile pour eux, à les conseiller, à leur laisser un espace de délibération afin qu'ils puissent fixer ensemble les meilleurs choix possibles pour eux. La sanction éducative suppose la volonté de permettre l'épanouissement de la liberté des enfants, et implique une réflexion autour de l'instauration d'un cadre favorisant l'exercice, par eux, d'une liberté sous conditions, c'est-à-dire d'une liberté relative. A l'inverse, dans la punition pénale, on a affaire au mouvement allant du supérieur vers l'inférieur, à un mouvement descendant. La punition pénale repose sur la négation d'une négation, en réprimant le mal par le mal par exemple. Elle se dévoile donc comme négation négatrice et, à ce titre, comme destructrice et avilissante. De ce que la punition pénale est négativement expéditive, contraignante et dévalorisante, il résulte qu'elle s'exerce sans conditions, absolument. Par son usage de la souffrance, de la terreur, de la torture, de l'enfermement, de ses effets de désespoir, l'action punitive s'applique au condamné comme quelque chose venant du dehors, puisqu'il ne saurait ni participer à sa sentence ni l'admettre comme source d'élévation de l'être. Les condamnés voient dans l'emprisonnement un effet d'animalisation de la condition humaine, le passage du supérieur vers l'inférieur. Le bien de l'autre, dont il a été question plus haut, est ici ruiné sous l'effet de l'instrumentalisation et du rabaissement du délinquant.

Par où l'on voit qu'il y a entre la sanction éducative et la punition pénale toute la distance entre deux regards : le regard qui protège et le regard qui destitue. Le regard qui protège est celui des parents qui vaut comme la manifestation de l'estime qu'ils ont pour leurs enfants. Cette estime vient de leur attachement à cultiver les capacités de leurs enfants, de leur réjouissance à les voir grandir et progresser. A l'opposé, le regard qui détruit est celui du juge –

regard qui se cristallise à travers la notion de respect et qui procède de la volonté de rabattre les prétentions de l'autre, de la logique de l'injonction donnée réellement ou symboliquement au condamné de baisser les yeux ou la tête, de la tendance à la dévalorisation des qualités humaines du délinquant, de l'instauration d'un principe d'autorité absolue. Le regard de la justice pénale est un regard qui tue, par cela même qu'il se constitue sur le rapport entre, non pas un « je » et un « tu », mais entre un « nous » et un « il ». La relation entre le regard regardant du juge et le regard regardé du délinquant n'est pas ici intransitive, mais transitive, c'est-à-dire médiatisée par un tiers abstrait. Et qui dit transitivité, dit inhumanité[38].

D'où il résulte que le pendant de l'estime parentale est

---

[38] La thématique lévinassienne du visage est propre à permettre de comprendre l'association de l'idée d'intransitivité avec celle d'humanité. En effet, par le visage, E. Lévinas rappelle combien l'autre s'impose à moi, immédiatement, dans sa nudité, sans devoir passer par toute une chaîne d'intermédiaires. Parce que l'autre est à lui-même sa fin et *ma* fin, il s'impose à moi par son visage et son regard, dans la fragilité même de son humanité. *Cette intransitivité est patente dans la relation des parents avec leurs enfants*. A l'inverse, la Webcam a quelque chose de déshumanisant, puisqu'elle manifeste un manque de relations concrètes et sensibles, l'absence de sensations tactiles ou odorantes immédiates, la privation d'échanges de regards directs ou profonds, l'inexistence d'une réciprocité. Cette transitivité s'observe durement dans le rapport entre le juge, qui fixe et pétrifie de ses yeux autoritaires, et le condamné, qui détourne la tête : celui-ci ne doit pas soutenir le regard de celui-là.

le *dégoût* de soi en tant que sanctionnateur. Bien des parents regrettent d'avoir levé la main sur leurs enfants ou d'avoir monté le ton. Autrement dit, il y a loin à ce que les parents qui sanctionnent soient fiers d'eux-mêmes. A l'inverse, le pendant de l'exigence de respect véhiculée par le juge est la *jouissance* de la relation hiérarchique, le sentiment de puissance qu'entraîne sa position supérieure en tant que punisseur et qui lui donne droit à exercer violence punitive et supplément de peine, en toute sécurité. C'est pourquoi, si le sanctionnateur tend à la débonnaireté, le punisseur, lui, incline vers l'intransigeance. Au total, si la sanction éducative s'établit à partir de la volonté de construire une relation favorable à la réflexion et au consentement, la punition pénale, quant à elle, n'entretient rien qu'un rapport de réflexe et d'hostilité entre punisseur et transgresseur.

Les mécanismes de la punition comme modalité par excellence du maintien de l'ordre se déclinent sous les traits principaux du corporel et du psychique. Ils désignent originellement l'effet de la force sur la liberté, l'action du corps sur l'esprit, l'effet de la souffrance sur le moral, bref l'emprise sur la sphère supérieure par la sphère inférieure. Dans le cadre de l'objectif du maintien de l'ordre, inexorablement indexé sur un motif absolu et inconditionné, il apparaît que tous les moyens sont bons et que toutes les doses punitives sont permises. Mais précisément, plus les moyens utilisables sont nombreux et sanglants, moins la fin qu'ils se proposent de poursuivre est convaincante. Et inversement, plus la fin est convaincante et valable, moins les moyens sont en nombre et équivalents. En somme, dire que tous les moyens sont permis revient à dire que peu importent les moyens, pourvu que la fin soit réalisée. Et, en effet, si le condamné obéit par crainte, par souffrance ou par lassitude, il en vient, certes, à obtempérer, à se ranger du côté de l'ordre, mais, ce faisant, il se résigne sans conviction. Son renoncement ne s'accompagne pas de la reconnaissance de la valeur de la loi, son renoncement est comme hors de lui, quasi mécanique, et, par conséquent, le condamné ne saurait percevoir l'ordre auquel il doit se soumettre comme *son* bien. Son comportement ne se détermine pas conformément à la représentation d'un bien, mais sous l'influence de la force qui vise précisément à faire croire qu'il y a un Bien, que ce Bien est l'ordre existant déjà et que tout ce qui s'y oppose est à éliminer sans tarder. D'où il résulte qu'on ne saurait attribuer la moindre valeur éducative à la force. Bien au contraire, toute engluée qu'elle est dans la négativité et la riposte hostile, la force ne vise, au nom de la prétendue protection de la vie sociale et du bien de tous, qu'à détruire les incartades, les faux pas ou les pas de côté, les inconvenances et les déplacements hétérogènes, les contre-conduites, et tente de se justifier en invoquant un ordre immuable et absolu. Dans ce cas, apparaît une relation de violence manifeste, et une irréductible incongruité : il est demandé à l'être puni et avili de faire confiance à l'ordre destructeur et maltraitant... Ici, la manipulation, qui est le signe du commencement de la violence, tient au fait qu'il s'agit de recourir à un ordre prétendument universel et de le présenter ensuite comme un système en lequel on doit lui accorder toute sa confiance, au point de vouloir le rejoindre, de s'y conformer (puisqu'il existe déjà !), même et surtout dans les situations de démonstration de son hyper-violence...

De ces remarques suit l'idée que la violence revendiquée au nom du principe du maintien de l'ordre est nécessairement tautologique. En effet, pareille violence n'a pas d'autre justification à alléguer que celle de se manifester crûment, que celle de s'affirmer, que celle de produire ses effets. La raison de la violence de l'ordre tient à l'ordre lui-même, et c'est pourquoi, dans cette logique de la loi du plus fort, les vainqueurs ont toujours raison. Le principe de la justice humaine adossée à l'impératif de l'ordre consiste à préférer punir un innocent plutôt que de laisser fuir un coupable.

La violence absolue s'affirme comme droit absolu, et se présente comme impitoyable. Son autorité même vient de ce qu'elle ne rencontre aucune opposition de taille, capable de se mesurer à elle ou de la contraindre à l'inaction. Les rapports de lutte entre les hommes sont des rapports en lesquels chacun cherche à affirmer sa force par l'amplification de sa puissance d'être (ainsi du *conatus* spinoziste et de sa thématique liée à la persévérance dans l'être), par la conquête d'une plus grande quantité d'être qui équivaut à une plus grande capacité d'agir, à une plus grande capacité d'imposer ses vues et ses fins, à une plus grande capacité d'accéder à une supériorité de fait et à un statut reconnaissable, et donc au pouvoir de soumettre à soi les autres : celui qui a plus de chance ou plus de fortune que les autres, celui qui occupe par rapport à ces derniers une place plus haute dans la hiérarchie sociale (inégalité de fait) voudra toujours conserver et autoriser cet état des choses, se tiendra toujours prêt à démontrer sa force par l'inexorabilité de celle-ci qui confère au plus fort un droit de faire usage de sa force. En ce sens, la force n'a pas d'autre justification qu'elle même. Le plus fort se réclame toujours de sa force pour justifier son emploi, la conservation de l'unité, l'efficacité de ses choix. C'est aussi pourquoi celui qui veut *réellement* changer les choses ou subvertir l'ordre existant a besoin de conquérir plus de force. Tant qu'il n'a pas la force d'imposer un changement ou une rupture, ses vues n'ont pas de prise ou de poids sur le réel, elles sont repoussées dans l'univers de l'idéalité ou de l'utopie, elles sont tournées en ridicule ou méprisées.

Dès lors, ces remarques nous renseignent sur l'assimilation de la violence pure et du droit pur, puisque cette assimilation a pour conséquence d'accorder un blanc-seing au pouvoir judiciaire inconditionnel. Ce point critique n'a pas échappé à la réflexion sartrienne : « Ainsi la violence pure et le droit pur ne font qu'un. Si je suis fort de mon droit, je refuse de discuter, de composer : je recours à la force (j'appelle la police ou je frappe). Je ne prends aucune excuse en considération : je détruis l'état de fait. La violence ne saurait jamais être autre chose qu'un droit qui s'affirme contre toutes formes et organisations de l'univers (...). Toute violence se présente comme la récupération du droit et réciproquement tout droit soutenu inexorablement est en lui-même embryon de violence (...). *Il n'y a jamais eu de violences sur terre qui ne correspondissent à l'affirmation d'un droit* [souligné dans le texte, T.F.], et même si dans son surgissement originel une violence pouvait n'être pas d'abord droit, elle se constituerait dans son surgissement même comme droit[39] ». En un mot, cela signifie que la violence a d'autant plus le droit de s'exécuter qu'elle est forte, sûre de sa force, inexorable. Et inversement, une violence qui pourrait être enrayée dans son élan, stoppée dans son expression sensible perdrait, du même coup, et à proportion du degré de la force opposable, son droit à la violence.

En fin de compte, on comprend maintenant pourquoi les juges apparaissent tant aux condamnés sans pitié. En effet, dans les rapports de force qui se nouent entre la justice pénale et les personnes placées sous main de justice (PPSMJ) se manifeste la lutte inexorable pour l'affirmation du droit à être ce qu'on est. Comme il s'agit de soumettre à soi l'autre, il y a lieu de le vaincre s'il résiste, de le maintenir dans une posture inaudible et subalterne s'il proteste, de lui refuser toute compréhension sans quoi ce serait déjà faiblesse et

---

[39] J.-P. Sartre, *Cahiers pour une morale*, Paris, Gallimard,1983, p. 185.

acceptation de se changer soi-même au profit de l'autre, et donc l'avènement de la réfutation de soi par soi. De la justice pénale se dégage cette règle inflexible à laquelle il n'existe aucune alternative, aucune échappatoire : détruire ou être détruit.

De ces considérations il est frappant de constater que la violence pénale, comme toute violence, s'exprime dans un corps à corps, dans un rapport d'affrontement entrechoquant des corps. L'esprit du violent et de sa force *physique* s'incarne dans le corporel, et se manifeste par l'éclat de l'habillage des corps. D'où, dans l'histoire des pénalités, les coups, les châtiments corporels, la férocité, l'acte de prise de corps et du menottage du prisonnier, mais encore le caractère prétentieux et tarabiscoté du vêtement des juges, l'apparat de la cour, la cérémonie de la procédure, et choses semblables. Par la fermeté de l'accusation, par l'agressivité ou la dureté du réquisitoire, par la présentation d'un visage de pierre, par la démonstration de l'impénétrabilité de son silence, la justice pénale s'incarne dans le corps et mime *physiquement* ce qu'elle proclame, énonce et exige. La peur qu'elle aime à inspirer se matérialise dans sa prestance ou sa prestation, dans son attitude.

Indications bibliographiques

AMPHOUX, Pascal, MONDADA, Lorenza, « Le chez soi dans tous les sens », dans *Architecture et Comportement*, vol. 5, n°2, 1989.

BACHELARD, Gaston, *L'eau et les rêves. Essai sur l'imagination de la matière*, Paris, Corti, 1942.

BACHELARD, Gaston, *L'expérience de l'espace. Dans la physique contemporaine*, Paris, Félix Alcan, 1937.

BARRAU, Aurélien, NANCY, Jean-Luc, *Dans quels mondes vivons-nous ?*, Paris, Galilée, 2011.

BAUER, Edmond, *La théorie de la relativité*, Paris, Eyrolles, 1922.

BAUMANN, Pierre, *Brancusi et Duchamp. Sur les* Colonnes sans fin *et l'inframince,* Aix-en-Provence, Publications de l'université de Provence, 2008.

BERQUE, Antoine, *Écoumène. Introduction à l'étude des milieux humains*, Paris, Belin, 2009.

BRKIĆ, Dragan, *Comprendre la délinquance*, Paris, L'Harmattan, 2016.

BRKIĆ, Dragan, *Prière d'insérer. Entre le sport et la pénitentiaire*, Rennes, Goater, 2009.

BROSSAT, Alain, *Éloge du pilori. Considérations intempestives sur les arts de punir (entretien avec Tony Ferri)*, Paris, L'Harmattan, 2015.

CUSSON, Maurice, « Peines intermédiaires, surveillance électronique et abolitionnisme », *Revue internationale de criminologie et de police technique et scientifique*, numéro 1, 1998, pp. 34-45.
DAVILA, Thierry, *De l'inframince. Brève histoire de l'imperceptible, de Marcel Duchamp à nos jours*, Paris, Éditions du regard, 2010.

DIEU, Erwan, FERRI, Tony, *Punition et risque. Les geôles du quotidien*, Paris Studyrama, 2015.

FERRI, Tony, BRKIĆ, Dragan, *La condition pénitentiaire. Essai sur le traitement corporel de la délinquance*, Paris, L'Harmattan, 2013.

FERRI, Tony, *Qu'est-ce que punir ? Du châtiment à l'hypersurveillance*, Paris, L'Harmattan, 2012.

FERRI, Tony, *Pouvoir et politique pénale. De la prison à la surveillance électronique*, Paris, Libre et Solidaire, 2016.

FERRI, Tony, « De la prison technologique à la

détention écologique », Revue *Ecologik*, numéro 52, décembre-janvier-février 2016-2017, pp. 100-103.

FLAMAND, Jean-Paul, *L'Abécédaire de la maison*, Paris, Les Éditions de La Villette, 2004.

FONTENELLE (LE BOUYER DE FONTENELLE), Bernard, *Entretiens sur la pluralité des mondes*, Paris, Flammarion, coll. « Garnier-Flammarion », 1998.

FOUCAULT, Michel, *La société punitive. Cours au collège de France (1972-1973)*, Paris, Gallimard/Seuil, 2013.

FOUCAULT, Michel, *Surveiller et punir. La naissance de la prison*, Paris, Gallimard, coll. « Tel », 1993.

FROMENT, Jean-Charles, « L'assignation à domicile sous surveillance électronique, l'exécution de la peine et les libertés publiques », dans *Revue pénitentiaire et de droit pénal*, 1996.

FROMENT, Jean-Charles, « La surveillance électronique à domicile : une nouvelle économie du pouvoir de punir ? », dans *Les Cahiers de la sécurité intérieure*, n°32, 1998.

GOETZ, Benoît, *La dislocation, architecture et philosophie*, Paris, Éditions de la Passion, 2000.

GOFFMAN, Erving, *La mise en scène de la vie quotidienne. 2. Les relations en public*, Paris, Les éditions de Minuit, 1973.

HEIDEGGER, Martin, *Question III*, « Lettre sur l'humanisme », Paris, Gallimard, 1966.

ILLICH, Ivan, *La Perte des sens*, Paris, Fayard, 2004.

LANDREVILLE, Pierre, « Surveiller et prévenir. L'assignation à domicile sous surveillance électronique », dans *Déviance et société*, volume 11, numéro 3, 1987, pp. 251-269.

LEVY, Jacques, LUSSAULT, Michel (Dir.), *Dictionnaire de la géographie et de l'espace des sociétés*, Paris, Belin, 2003.

LEVY, René, PITOUN, Anna, « L'expérimentation du placement sous surveillance électronique en France et ses enseignements (2001-2004) », *Déviance et Société*, 4/2004 (Vol. 28).

LODÉ, Thierry, FERRI, Tony, *De la domination. Essai sur les falsifications du pouvoir*, Paris, Libre et Solidaire, 2017.
MACHIAVEL, Nicolas, *Le Prince*, Paris, Gallimard, 1995.

MALDINEY, Henri, *Ouvrir le rien, l'art nu*, Paris, Encre Marine, La Versanne, 2000.

MARCHETTI, Anne-Marie, *Perpétuités. Le temps infini des longues peines*, Paris, Plon, 2001.

MENENGER, Nadia, *A ceux qui se croient libres*, L'Insomniaque, 2015.

MILHAUD, Olivier, *Séparer et punir. Une géographie des prisons françaises*, Paris, CNRS éditions, 2017.

MONGIN, Olivier, *La Condition urbaine. La ville à l'heure de la mondialisation*, Paris, Seuil, 2005.

PAQUOT, Thierry, *Désastres urbains. Les villes meurent aussi*, Paris, La Découverte, 2015.

PAQUOT, Thierry, LUSSAULT, Michel, YOUNES, Chris, *Habiter, le propre de l'humain. Villes, territoires et philosophie* (sous la direction), Paris, La Découverte, 2007.

PAQUOT, Thierry, (sous la direction), *Repenser l'urbanisme*, Infolio, 2013.

PUMAIN, Denise, PAQUOT, Thierry et KLEINSCHMAGER, Richard, *Dictionnaire la ville et l'urbain*, Paris, Economica/Anthropos, 2006.

RADKOWSKI, Georges-Hubert de, *Anthropologie de l'habiter. Vers le nomadisme*, Paris, P.U.F., 2002.

RAPOPORT, Amos, *Pour une anthropologie de la*

maison, Paris, Dunod, 1972.
SCHÉRER, René, *En quête de réel. Réflexions sur le droit de punir, le fouriérisme et quelques autres thèmes (entretien avec Tony Ferri)*, Paris, L'Harmattan, 2014.

SLOTERDIJK, Peter, *La mobilisation infinie : vers une critique de la cinétique politique*, Paris, Éditions Christian Bourgois, 2000.

WHITEHEAD, Alfred North, *Procès et réalité. Essai de cosmologie*, Paris, Gallimard, 1995.

WITTGENSTEIN, Ludwig, *Tractacus logico-philosophicus*, Paris, Gallimard, 2001.

YOUNES, Chris, PAQUOT, Thierry (sous la direction de), *Éthique, architecture, urbain*, Paris, La Découverte, 2000.

YOUNES, Chris, BONNAUD, Thierry (sous la direction de), *Perception, architecture, urbain*, Gollion, Infolio, 2014.

Table

L'HARMATTAN ITALIA
Via Degli Artisti 15; 10124 Torino
harmattan.italia@gmail.com

L'HARMATTAN HONGRIE
Könyvesbolt ; Kossuth L. u. 14-16
1053 Budapest

L'HARMATTAN KINSHASA
185, avenue Nyangwe
Commune de Lingwala
Kinshasa, R.D. Congo
(00243) 998697603 ou (00243) 999229662

L'HARMATTAN CONGO
67, av. E. P. Lumumba
Bât. – Congo Pharmacie (Bib. Nat.)
BP2874 Brazzaville
harmattan.congo@yahoo.fr

L'HARMATTAN GUINÉE
Almamya Rue KA 028, en face
du restaurant Le Cèdre
OKB agency BP 3470 Conakry
(00224) 657 20 85 08 / 664 28 91 96
harmattanguinee@yahoo.fr

L'HARMATTAN MALI
Rue 73, Porte 536, Niamakoro,
Cité Unicef, Bamako
Tél. 00 (223) 20205724 / +(223) 76378082
poudiougopaul@yahoo.fr
pp.harmattan@gmail.com

L'HARMATTAN CAMEROUN
TSINGA/FECAFOOT
BP 11486 Yaoundé
699198028/675441949
harmattancam@yahoo.com

L'HARMATTAN CÔTE D'IVOIRE
Résidence Karl / cité des arts
Abidjan-Cocody 03 BP 1588 Abidjan 03
(00225) 05 77 87 31
etien_nda@yahoo.fr

L'HARMATTAN BURKINA
Penou Achille Some
Ouagadougou
(+226) 70 26 88 27

L'HARMATTAN SÉNÉGAL
10 VDN en face Mermoz, après le pont de Fann
BP 45034 Dakar Fann
33 825 98 58 / 33 860 9858
senharmattan@gmail.com / senlibraire@gmail.com
www.harmattansenegal.com

www.ingramcontent.com/pod-product-compliance
Lightning Source LLC
LaVergne TN
LVHW051409061026
849535LV00009B/3455
* 9 7 8 2 3 4 3 1 2 8 0 7 8 *